HAUSBUCH
DER BAYERISCHEN
BRÄUCHE
UND
FESTE

Karl Baum

HAUSBUCH
DER BAYERISCHEN
BRÄUCHE
UND
FESTE

Volk Verlag München

Die Deutsche Bibliothek verzeichnet diese Publikation in der Deutschen Nationalbibliografie; detaillierte bibliografische Daten sind im Internet über http://dnb.ddb.de abrufbar.

© 2019 by Volk Verlag München
Neumarkter Straße 23; 81673 München
Tel. 089 / 420 79 69 876; Fax: 089 / 420 79 69 86

Druck: Himmer, Augsburg

ISBN 978-3-86222-278-0

www.volkverlag.de

Inhalt

Vorrede und „Grüß Gott"

Dieses Buch will Sie zu einer Wanderung durch den bayerischen Brauchtums- und Festkreis einladen und Ihnen Lebensart und Lebensgefühl der Leute dieses schönen Landes nahebringen. Auch will es Liebe und Verständnis für die Bräuche und Eigenarten unserer Heimat wachrufen. Es möchte ganz einfach ein Hausbuch für die Familie sein. Vielleicht bekommen Sie beim Lesen ja noch ein bisschen mehr Lust auf Heimat.

Zum bayerischen Leben und zum Brauch gehören nicht nur Prozessionen und Pferdeumritte, Kräuterweihen und Trachtenumzüge, sondern auch die vielen kleinen Dinge wie das Neujahrswünschen, Eierfärben, der Gräbergang, das Backen der Weihnachtsplätzchen und vieles mehr. Die Feste sind meist auch verbunden mit kirchlichen Feiertagen, denn der christliche Glaube war Grundstock für das Tun und Handeln unserer Väter und Mütter.

Neben den Bräuchen, die wir heute praktizieren, wurden in dieses Buch auch solche einbezogen, die uns noch in besonders lebhafter Erinnerung sind und auch nicht ganz in Vergessenheit geraten sollten. Die Bräuche wollen wir uns im Jahreslauf ein wenig genauer anschauen, aber auch wann und wo sie zuerst in Schriften, Gerichtsakten oder Kirchenbüchern aufgeschrieben wurden.

Ich weiß, dass es noch eine Reihe von Bräuchen gibt, die gar nicht als solche wahrgenommen und deshalb auch hier nicht erwähnt werden, auch den Umfang der Darstellung der einzelnen Bräuche und Feste kann man durchaus differenziert sehen. Das Buch erhebt keinen Anspruch auf Vollständigkeit. Es will keine außergewöhnlichen Bräuche beschreiben, für die auch in Fremdenverkehrsprospekten geworben wird, die in Zeitungsschlagzeilen erscheinen und über die im Rundfunk und Fernsehen groß berichtet wird, weil sie den Menschen heute schon fast exotisch vorkommen. Bräuche und

Feste für die, wie im Theater, Eintrittsgelder verlangt und Festabzeichen verkauft werden, finden sich hier also nicht. Stattdessen will das Buch einfach das altbayerische Leben zeigen.

Obwohl die Leute früher ein sehr arbeitsreiches und bescheidenes Dasein führten, gestalteten sie ihr Zusammenleben sehr vielfältig und waren trotz allem meist zufrieden und froh.

Sie werden in diesem Buch zwei Arten von Bräuchen, Festen und Traditionen im Jahreslauf finden: zum einen die festen Feiertage und -zeiten, wie Dreikönig oder Pfingsten, und – davon abgehoben – zum anderen Beschreibungen vertrauter oder auch bereits fast vergessener Rituale, die zum Leben in Bayern einfach dazugehören, wie das Eisstockschießen, die Volksmusik oder früher der Schlachttag auf dem Hof.

Die Mischung aus altbairischer Umgangssprache und Schriftdeutsch habe ich gewählt, weil sich bei meinen zahlreichen Vorträgen schon gezeigt hat, dass dies dem Thema am besten gerecht wird.

Der bayerische Jahreslauf

Kalender-, Kirchen-, und Bauernjahr

Das Kalenderjahr beginnt am 1. Januar. Das Kirchenjahr dagegen beginnt am 1. Advent und darin eingebettet sind die Heiligenfeste und viele Volksbräuche. Das Bauernjahr begann früher an Maria Lichtmess, d.h. am 2. Februar. Es wurde nicht in Quartale und Monate aufgeteilt, sondern in Heiligenfeste und ihre Zwischenzeiten.

Das Kirchenjahr kennt die hohen Feste: Weihnachten, Ostern und Pfingsten. Das bäuerliche Jahr kennt daneben noch zwei ebenso hohe Feste: Fronleichnam und Kirchweih.

Der Bauer rechnete nicht nach Tagen, Wochen und Monaten, sondern von einem Kirchenfest zum anderen und machte daran auch die ungefähren Eckdaten für Saat und Ernte fest. Die Markttage der nächsten Städte spielten ebenfalls eine wichtige Rolle.

Der Bauernkalender von 1530 war ein Manderlkalender, seinen Namen hatte er von den als kleine Figuren abgebildeten Heiligen, die durch das Jahr und seine Arbeiten führten. Jede Manderlform stand für eine Tätigkeit – ähnlich wie heute wieder im Mondkalender. Es war also ein Kalender für Praktiker und wurde teils auch als „Pratti" bekannt.

Wetterregeln, Lostage und Mondstellung bestimmten den Bauernkalender und gaben eine ungefähre Anleitung für Saat- und Bodenbearbeitung. Diese Wetterregeln und Lostage sowie die Mondstellung haben der Bauer auf dem Feld und die Bäuerin im „Gmias-Gartl" nie außer Acht gelassen.

„Lostag" kommt vom althochdeutschen Wort „lozen" (voraussagen, wahrsagen). An solchen Tagen achtete man besonders auf Wetterzeichen, Ereignisse und andere Umstände und versuchte, Wetter und Zukunft kurzfristig zu deuten. Man sollte an „Lostagen" z.B. auch alles vermeiden, was sich ungünstig auswirken könnte. Auch heute richten sich oft ökologisch bestimmte Bauern, Gärtner, aber auch Leiter von Parkanlagen und andere Gartenbau-Fachleute nach dem Mond – wie sie sagen, mit „bestem Erfolg".

In diesem Buch werden christliche Bräuche mit weltlichen gemischt, deshalb wurde für die Reihenfolge der Festkreise das Kalenderjahr gewählt.

Bräuche im Jahreslauf

Bräuche und Traditionen spiegeln als kulturelle Überlieferungen die Glaubensvorstellung, Lebensart und Geisteshaltung des Volkes wieder. Bräuche waren stets das Gerüst für den Jahreslauf und gaben diverse Regeln für das Zusammenleben in der Gemeinde und in der Gesellschaft vor. In diesem Regelwerk fühlten sich die Leute geborgen. Die eintönigen Wochen wurden eingeteilt und belebt. Jeder Tag hatte seine Aufgabe und unterschied sich von den anderen.

Bei der Entstehung der Bräuche war den Leuten oft schon bewusst, dass man mit einem starken Willen mehr erreichen kann, und man hoffte, mit einer Bündelung dieses Willens, des Glaubens und des Gebetes vieler Leute auch mehr zu erreichen. Man wusste auch schon, dass die Bildung einer Gemeinschaft den Erfolg fördert. Ein kräftiger Schmaus war dann Dank für die Leistung aller beteiligten Leute. Andere Bräuche hatten aber auch den Sinn, in der Gemeinschaft die Not armer Mitmenschen zu lindern, z. B. mit Heische- und Nachlesebräuchen. Kurz: Mit ihren traditionellen Formen erleichterten und erleichtern noch heute Bräuche das Dasein und sind ein Teil Heimat.

Viele kirchliche Bräuche wurzeln in einer sehr frühen Zeit und sollten den Gläubigen das Evangelium möglichst anschaulich nahebringen. In einer Zeit, zu der nur wenige Leute lesen und schreiben konnten, reichten das gesprochene und niedergeschriebene Wort einfach nicht zur Vermittlung des Evangeliums aus, es sollte auch figürlich dargestellt und möglichst vorgespielt werden – wie z.B. bei Passionsspielen, die in vielen bayerischen Pfarreien bis zur Säkularisation aufgeführt wurden. Aber auch viele andere christliche

Bräuche dienten diesem Zweck, z. B. der Palmeselumzug, das Ölbergspiel, das „Heiligen Grab", die „Auffahrt Christi", Maria Himmelfahrt, die „Weihnachtsspiele", das Aufstellen von Krippen usw. So manches will ich in diesem Buch an Beispielen aus meiner „alt-bayerischen" Heimat deutlich machen.

Früheste Bilddarstellungen von der Geburt Jesu wurden aus Italien überliefert, aus Katakomben, die im 4. Jahrhundert mit diesen Bildern geschmückt wurden. Später hat man einen Bilderbogen der Heilsgeschichte in den Kirchen an die Wände gemalt, wie man es heute noch in den meisten orthodoxen Gotteshäusern findet. In der Gotik wurden oft auch auf sogenannten Wandelaltären einige Szenen aus dem Evangelium im Relief und figürlich dargestellt. Waren die seitlichen Flügel dieser Altäre beweglich, konnte man auch deren Rückseite dafür verwenden. In vielen gotischen Kirchen finden wir auch hervorragende Beispiele der Glasmalerei wie den ältesten Glasfensterzyklus der Welt, das Prophetenfenster im Augsburger Dom. Auch neuere Glasfenster sind sehenswert, z.B. in der St. Jakobskirche in Schrobenhausen.

In der Barockzeit bekamen das kirchliche Spiel und die lebenden Bilder wieder mehr Bedeutung, wofür man auf manchen Altären kleine Bühnen integriert oder hinter einem herausnehmbaren Altarblatt eingebaut hat.

Die Aufklärung und die Säkularisation, vor allem aber die Einführung der allgemeinen Schulpflicht mit Religionsunterricht (die „Christenlehre") läuteten das Ende der frommen Spiele ein. Ein Großteil der alten kirchlichen Bräuche stammt also aus einer Zeit weit vor der Reformation und der Säkularisation, als nur wenige Leute eine Schule besuchen konnten. Danach setzte eine Änderung oder sogar der Niedergang vieler kirchlicher Bräuche ein.

Die Reichsgründung durch Bismarck hat das Bayernland auch für viele protestantische Bräuche geöffnet wie den Osterhasen, das Reformationsfest, den Buß- und Bettag, Totensonntag, Adventskranz, Weihnachtsmann, Christbaum, Erntedank und die Feier des Geburtstags usw.

Bräuche öffnen, verbinden und bereichern immer noch das Leben. Viele wurden uns recht spät, erst nach Missbrauch oder einem Verbot durch die Obrigkeit überliefert. Manche verbreiteten sich nur langsam, wurden nur mündlich überliefert oder hatten sich schon verändert, bevor man sie schriftlich festgehalten hat.

Bäuerliche Bräuche sollten das Leben im Bauernjahr regeln und die Rangordnung auf dem Hof präsentieren, aber auch für die geleistete Arbeit belohnen und danken. Auch die Termine der Rechnungslegung waren an genau festgelegte Festtage wie Neujahr, Maria Lichtmess, Georgi, Jakobi und Michaeli gebunden, damit den Bauern ein wenig Zeit blieb, vorher ihre Erzeugnisse zu verkaufen. Nicht nur die großen Festkreise, auch die Feiertage waren harmonisch dem Ablauf der Jahreszeiten und den anfallenden bäuerlichen Arbeiten angepasst.

Wenn Bräuche heute lebendig bleiben sollen, müssen sie mit Liebe gepflegt werden und wieder eine Bedeutung bekommen, die in unserer Gesellschaft auch jetzt noch einen Sinn hat. Z.B. den, auch über Generationen hinweg den Lauf der Tradition nicht abreißen zu lassen und zur Ehrfurcht vor der Lebens- und Glaubenspraxis unserer Eltern und Vorfahren zu erziehen.

Weltliche und kirchliche Bräuche verbinden, gründen, stiften und erhalten Gemeinschaften, geben den Menschen Heimat und können soziale Bindung, kulturelle Zugehörigkeit und regionale Identität schaffen. Sie können Familien an einem Tisch vereinen, Leute einer Gemeinde zusammenschweißen und die Gemeinschaft der Christen Glaubenspraxis erleben lassen. Familiäres, weltliches und christliches Brauchtum überschneidet und ergänzt sich oft. Bräuche helfen, die Feste im Kirchenjahr zu gestalten, vorzubereiten und zu feiern. Wichtig ist, dass wir uns selbst mit einbringen. Übrigens regierten auch in der Küche die Bräuche heftig mit.

Der Zustrom von Evakuierten und Heimatvertriebenen sowie die weitgehende Mechanisierung in der Landwirtschaft nach dem Zweiten Weltkrieg haben vor allem die bäuerlichen Bräuche stark berührt, doch auch alltägliche Bräuche haben sich gewandelt. Im katholischen Altbayern wurde z.B. üblicherweise der Namenstag feierlich begangen und erst ab den 50er Jahren des letzten Jahrhunderts wurde es allmählich Brauch, den Geburtstag dafür zu feiern. Es ist einer von den Bräuchen, die man meist gar nicht als solche wahrnimmt.

In den gegenwärtigen Zeiten der Globalisierung und des Wertewandels und nicht zuletzt unter dem Einfluss von Medien wie Zeitung, Rundfunk und Fernsehen, aber auch durch tiefgreifende Veränderungen der Lebens- und Arbeitsbedingungen laufen Bräuche wieder einmal Gefahr, Bedeutungsverluste zu erleiden bis hin zu ihrem Wegfall. Sie können sich aber auch in der Form, im Inhalt und in der Funktion anpassen oder neu entstehen. Und viele alte Bräuche sind alles andere als „verbraucht" wie die zahlreichen Wallfahrten, Pilgerfahrten, Fern-, Berg- und anderen Wanderungen beweisen.

Warum gibt es jetzt so viele allgemeine Feste? Kommunikation ist zwar ein Grundbedürfnis, findet aber in der heutigen Gesellschaft kaum noch seine Erfüllung. Feste sind immer ein Anlass, um zusammenzukommen und miteinander zu reden. Man erinnert sich an frühere Tage, bekommt und gibt Anteilnahme und Anerkennung, erzählt von der Welt draußen und geht zufrieden wieder heim.

Heute arbeitet man zusammen, doch privat kennt man sich kaum noch. Als Nachfolger des Erntedankes kann man jetzt die Betriebsfeste ansehen. Auch sie stärken das Zusammenwirken und den gemeinsamen Willen zum Erfolg. Die beliebten „Bauwagen-Gemeinschaften" sind vielleicht eine andere Fortführung des jahrhundertealten „Hoagartens".

Ebenso, wie man die aktuellen und zukünftigen Veränderungen im Leben mitgestalten muss und will, sollte man auch die Wurzeln und Werte pflegen, die das Zusammenleben stabilisieren. Bräuche sind ein Teil der Heimat. Wenn man die Bräuche lebt, bringen sie Farbe und Freude ins Leben.

Neujahr – 1. Januar

Pünktlich nach dem zwölften Glockenschlag in der Silvesternacht beginnt das neue Jahr. Bei gehobener Stimmung wird dann in der Runde angestoßen: „Prosit Neujahr – wir bleiben die Alten", aber mit neuen guten Vorsätzen.

Der Jahresanfang hat immer wieder gewechselt: Zur Zeit von Kaiser Karl dem Großen schwankte er von Mitte Dezember bis zum 25. März oder 1. April, bis Papst Gregor 1582 die neue Kalenderordnung verkündete und damit den Julianischen Kalender ablöste. Trotzdem beginnt das Kirchenjahr nach wie vor am 1. Advent und das bäuerliche Jahr begann bis nach dem Zweiten Weltkrieg an Maria Lichtmess.

Angehörige anderer Religionen und Kulturen wie Orthodoxe, Juden, Muslime oder Chinesen feiern den Jahresanfang zu anderen Terminen. Wie auch immer, hierzulande festet man am 1. Januar.

Ob das neue Jahr heute noch von den Glocken vom Kirchturm herab begrüßt wird, ist leider bei dem Inferno von Silvesterraketen kaum mehr festzustellen. Ich kann mich noch gut daran erinnern, welch erhebendes Gefühl es früher, in der Kriegs- und Nachkriegszeit, war, die Glocken zu hören, und mit welchen Wünschen um Frieden und Normalität, aber auch bangen Befürchtungen man ins neue Jahr ging.

Türmer und Nachtwächter waren früher meist die ersten, die lautstark gratulierten, oft mit Gesang. Manche haben das neue Jahr auch mit einer Melodie auf der Trompete angeblasen.

Schon früh am Morgen begann dann die Prozession der Neujahrsgratulanten, um für den Gruß Naturalgaben oder Geldspenden zu bekommen: Dienstboten, Postboten, Zeitungsträger, Zugehfrauen, Hausmeister, Kaminkehrer, Tagelöhner, Laternenanzünder und die Armen der Gemeine kamen. Jeder wollte der erste sein. Oft lautete der Glückwunsch so:

Ich wünsche Euch fürwahr
ein selig Neujahr.
Gott möge Euch geben
Gnad, Glück und Segen.
Er lasse Euch leben im heurigen Jahr
in Frieden fürwahr.

Bettelmusikanten spielten allerorten vorm Haus, im Stiegenhaus und in den Wirtshäusern. Oft zogen auch Kinder rudelweise durch die Straßen und Gassen, um den Leuten „'s neie Jahr zum abgwinna".

Aus den Dörfern wird noch berichtet, dass neben dem Gemeindediener der Dorfhirte, der Kuhhirte, der Sauhirte, die Gänseliesl und die Lehrbuben der Dorfhandwerker, die die Jahresrechnungen austrugen, das Neujahr anwünschten und sich ein Trinkgeld sicherten. Zu dieser Gratulantenschar gesellten sich auch die Ministranten und reimten:

Wünsch dir a guat's Neujahr,
G'sundheit und a lang's Leben
und 's Himmelreich daneb'n.

Beim Bäcker, Metzger, Kramer und beim Wirt gab es für treue Stammkunden kleine Zugaben.

Am Neujahrstag wurde kräftig und reichlich gegessen. Fettes Schweinefleisch mit rescher Kruste, ein Saukopf oder ein appetitliches Spanferkel mit Kraut und Knödel gab's als Hauptgericht und dazu für den Durst dunkles Bier. Nachgeformtes Borstenvieh gilt heute noch als Glücksbringer. Die ebenfalls Glück bringenden Brezen sollten zur Brotzeit nicht fehlen. Kein Wunder, dass mancher Knecht sein Abendgebet leicht abwandelte und inständig bat: „Unser heutiges Brot gib uns täglich." Auf magische Art wollte man so ein gedeihliches Neujahr heraufbeschwören: Wie der erste Tag, so die übrigen Tage des Jahres – so der Volksglaube.

Heute begrüßen die Böllerschützen der Feuerschützengesellschaft gegen Mittag das neue Jahr mit mehreren Salven. Die Berge von gedruckten Neujahrswünschen, die von Firmen verschickt werden, beeindrucken dagegen höchstens noch die stöhnenden Postboten.

Dreikönigstag – 6. Januar

Das erste Hochfest der Kirche im Kalenderjahr ist das Fest Epiphania, die Erscheinung des Herrn. Bis ins 4. Jahrhundert wurde an diesem Tag das Weihnachtsfest gefeiert. Seit dieser Zeit der Umstellung wird am 6. Januar der Heiligen Drei Könige (drei Weisen) gedacht.

Der Stern, den sie im Morgenland gesehen hatten, ging vor ihnen her, bis er über dem Ort stand, wo das Kindlein war. Als sie den Stern sahen, waren sie hoch erfreut und gingen in das Haus und fanden das Kindlein mit Maria, seiner Mutter, und fielen nieder und beteten es an. Sie taten ihre Schätze auf und schenkten dem Kind Gold, Weihrauch und Myrrhe.

Aus der in der Bibel beschriebenen Dreizahl der Geschenke schloss man auf drei Könige, während man die Namen Caspar, Melchior und Balthasar außerbiblischen Quellen entnahm. Die drei Könige vertreten die drei verschiedenen Altersstufen – junger Mann, Mann im „besten Alter" mit schwarzem Bart und Greis mit schlohweißem Haar und langem Bart – sowie die damals bekannten drei Erdteile Europa, Asien und Afrika, weshalb die Künstler seit dem 12. Jahrhundert vereinzelt und seit dem 15. Jahrhundert häufig einen der drei Könige als Afrikaner darstellten. Im 19. Jahrhundert hat man dann am Freiburger Dom das ursprünglich weiße Gesicht des dritten Königs eingeschwärzt.

Nach heutigen Nachforschungen waren die Heiligen Drei Könige ein persischer Prinz namens Gundofar (der Strahlende), aus dem die

Christen Caspar machten, ein Statthalter eines Ortes am Persischen Golf namens Menso oder Melchior (der Lichtvolle) und ein Magier und Lehrer aus dem Delta der großen Ströme Euphrat und Tigris mit Namen Balthasar (der Beschützer) – also die ersten Pilger aus der fremden Welt.

Die heilige Helena, Mutter des römischen Kaisers Konstantin, der das Christentum zur Staatsreligion machte, soll Anfang des 4. Jahrhunderts die Gebeine von drei Magiern als Reliquien von ihrer Pilgerreise ins Heilige Land mitgebracht und einem Mailänder Kloster übergeben haben. Von dort „nahm" sie Kaiser Friedrich Barbarossa nach der Eroberung der Stadt mit; später wurden sie nach Köln gebracht.

Wie volkstümlich dieses königliche Dreigestirn immer war, kann man übrigens an Wirtshausschildern ablesen: „Drei Kronen", „Krone", „Zum Mohren" oder „Stern". Caspar, Melchior und Balthasar gelten als Patrone für Reisende und Pilger.

Die „Anbetung der Könige" gehört zu den liebenswertesten Krippenszenen. Die Heiligen Drei Könige, die von weit her dem Stern zum Stall folgten, mit ihren prächtigen Reittieren und ihren funkelnden Schätzen geben der Krippe erst ihren geheimnisvollen Glanz. Überall in Bayern sind solche Darstellungen präsent und beliebt.

Das Fest des Dreikönigstags beginnt meist bereits am Vorabend mit der Dreikönigsweihe. Die Gläubigen lassen Salz, Wasser, Weihrauch und Kreide weihen. Salz gilt als Mittel für Weisheit, Stärke, Wachstum, ewiges Leben; Wasser ist Sinnbild des Lebens, der Gnade und des Heils; Weihrauch ist das Symbol für Gottesverehrung.

In Gerolsbach verbrannte man in der Dreikönigsglut den Kräuterbuschen von der Kräuterweihe des Vorjahres. Zu Hause durchtränkte dann die Bäuerin in einem Weitling, einer irdenen, braun glasierten Milchschüssel, das geweihte Salz mit Weihwasser und ließ es so lange stehen, bis das Wasser verdunstet und das Salz zu einer harten Scheibe zusammengebacken war. Erkrankte ein Tier,

wurde von der Scheibe ein Stückchen abgebrochen und im Tränk-
kübel aufgelöst. Auch wenn ein Tier verkauft wurde, bekam es ein
Stückerl, damit es gesund blieb.

Sternsinger

**20 + C + M + B + 18; „Christus mansionem benedicat",
d. h. Christus segne dieses Heim.**

Alle Jahre ziehen zwischen Neujahr und dem Dreikönigstag die
Sternsinger durch die Dörfer und Städte, durch Straßen und Gassen,
von Haus zu Haus und erbitten milde Gaben. Die kleinen Heiligen
Drei Könige und ihr Sternträger kostümieren sich königlich. Zu
viert ziehen sie los; voran der Sternträger, dahinter Caspar, Melchior
und Balthasar.

Schon Goethe zitierte in einem Gedicht:

> *Die Heiligen Drei Könige mit ihrem Stern –*
> *sie essen, sie trinken und zahlen nicht gern.*

Seit die Kirche das Dreikönigssingen wieder erlaubt und es für
ihre Missionsaufgaben einsetzt, hat es einen sozialen Sinn erhalten. Buben und Mädchen, Ministranten und Helfer sammeln nun
für die Hilfswerke der Kirche für die Armen in aller Welt.

August Reischl hat schon vor dem Jahr 1929 Sternsingerlieder
gesammelt, wie man sie im Dreieck Augsburg – Ingolstadt – München noch kannte. Eines beginnt mit der Vorstellung der Heiligen
Drei Könige:

> *König Kaspar bin ich genannt,*
> *komm daher aus dem Mohrenland,*
> *komm daher in großer Eil,*
> *vierzehn Tag, fünfhundert Meil.*

Melchores, tritt du herein.

Ich tret herein durch diese Tür
und mach das heilige Kreuz dafür,
das heilige Kreuz mit göttlichem Segen,
das uns Gott Vater vom Himmel gegeben.

Balthores, Balthores, tritt du herein.
(Er hatte oft eine Ziege dabei.)

Ich tret herein mit der Geiß
und möcht wissen, wie die Hausfrau heißt.
Die Hausfrau heißt Frau Pfefferkern,
Weihnachtszelten essen wir gern.

Heute beschließt der Sternträger den Auftritt oft so:

Nachdem wir hier gesprochen haben,
bitten wir um milde Gaben:
für arme Kinder in unserer Zeit
Gott lohn es euch in der Ewigkeit.

Pauli Bekehr – 16. Januar

„Pauli Bekehr – halb Winter hin, halb Winter her" oder auch der „Kalte Paul" war früher ein halber Bauernfeiertag. Nach dem Kirchgang verrichtete man dann nur leichtere Arbeiten am Hof.

Da man annahm, dass der Winter nun zur Hälfte vorbei sei, ging der Bauer mit dem Rossknecht und der Stalldirn in den Stadl zum „Schaatzen" (Schätzen) und prüfte, wie man mit den Futtervorräten die zweite Winterhälfte überstehen könne. Hatten die Dienstboten mit den Heu- und Getreidevorräten gut gewirtschaftet, gab es ein Trinkgeld oder eine kleine Gabe. War man zu verschwenderisch umgegangen, mussten die Leute damit rechnen, dass sie sich zum Lichtmesstag einen Platz auf einem anderen Hof suchen mussten.

Leben in Bayern: Arbeiten an Haus und Hof

Die ruhige Winterzeit nutzte man auf den Höfen zum einen, um Nutz- und Brennholz aus dem Wald zu schlagen. Die Männer brachten die Nutzholzstämme (Bauholz) ins Sägewerk („Sagmuih") und zu Hause auf dem Hof sägten sie das Brennholz klein und „kloben" es zu brauchbaren „Scheiteln". Kleine Äste und Reisig kürzten die Mägde mit einem „Schnoatter" und banden das Ganze zu „Boschn" zusammen. „Das Brennholz wärmt dreimal", sagte man: einmal beim Schlagen im Wald, beim „Kliam" auf dem Hof und zuletzt beim Heizen im Ofen.

Daneben, bevorzugt bei schlechtem Wetter, reinigte und pflegte man die Geräte oder hielt Haus und Hof in guter Verfassung.

Im Winter, aber auch vor größeren Festen oder einer Hochzeit bestellte man Störhandwerker, die nur für die kurze Zeit ihrer Arbeit auf den Hof kamen. So holte man eine Störnäherin zur Instandsetzung der Kleidung oder zum Anfertigen der Brautausstattung für die Töchter. Dafür brauchte man eine Nähmaschine mit Handbetrieb. Die Haustöchter durften auch mithelfen beim Säumen von Knopflöchern, beim Knöpfe Annähen und Ähnlichem. Die Stoffe und die notwendigen Utensilien kaufte man auf einer „Duit" (Markt) oder bei einem Hausierer, der so um die vier Mal im Jahr vorbeikam. Dementsprechend gering war die Stoffmusterauswahl. Neben ein paar Stoffrollen hatte der Hausierer gewöhnlich auch noch andere Kurzwaren wie Kragenknöpfe, Nadeln, Faden, Rasierklingen, Reißnägel, „Schuachbandln", Hosengummi, Schuhnägel, Mottenkugeln, Hosenträger, Fliegenfänger usw. im Angebot. Ein paar Lederriemen und Kälberstricke baumelten ebenfalls noch an seiner „Kraxe". Witze, lustige Geschichten und die letzten Neuigkeiten aus Nah und Fern gab's noch gratis dazu.

Einmal im Jahr kam auch der Flickschuster auf den Hof, um die Schuhe wieder zusammenzuflicken und neu zu besohlen. Selbstgemachte Holzsohlen bekamen auch noch eine Pantoffellederkappe. Das Sohlenleder und die Schuhnägel waren am Hof meist vorrätig. Wichtig war auch der Störsattler, der die Zuggeschirre für die Gespanne reparieren, putzen und pflegen musste. Nicht fehlen durfte der Schäffler, der Kraut- und andere Fässer, Eimer, Tränk-, Melk- und andere große Schäffel, die in der Sommerhitze „derlext" (geschwunden, eingegangen) waren, durch Nachziehen oder Ersetzen fehlender Ringe wieder dicht machte. Der Klang vom Schlaghammer auf dem Setzhammer wurde dabei von den Fässern und Eimern verstärkt und dröhnte über den ganzen Hof.

Meist wurde in dieser Zeit auch etwas üppiger gekocht, sodass man von den Störhandwerkern nicht auf anderen Höfen „ausgrichtet" (verunglimpft) wurde.

Sebastianstag – 20. Januar

Die katholischen Christen feiern am 20. Januar den Namenstag des heiligen Sebastians, Soldat, Hauptmann und Märtyrer. Er ist fast ein Rundumschutzpatron für Soldaten, Invaliden, Gerber, Gärtner, Töpfer, Zinngießer und Eisenhändler. Von ihm erbittet man Fürsprache vor Gott um Verschonung von Fieber, Pest, Seuchen aller Art, jähen Erkrankungen und Todesnot. Ganz besonders verehren ihn die Schützen als ihren Schutzpatron.

Die größten Ereignisse wurden in den Städten einstmals stets mit einem Schützenfest gefeiert. Die Verteidigungskraft der Stadt hing ja weitgehend von ihrer Befestigung und der Schießgewandtheit ihrer Bürger ab. Deshalb nutzte man jede Gelegenheit, die Bürger zu motivieren, ihre Treffsicherheit und allgemeinen Schießkünste zu verbessern.

Der Sebastianstag ist für Schützenvereine heute noch ein fester Feiertermin im Jahreskalender.

Vor allem in Süddeutschland sind dem Pestpatron Sebastian zahlreiche Kirchen, Kapellen, Bildstöcke und auch die Sebastiansbruderschaften geweiht. Im Gottesdienst singen die Gläubigen:

Hilf uns kämpfen,
hilf uns siegen,
hilf, wenn wir im Sterben liegen,
heiliger Sebastian,
nimm bei Gott dich unser an.

In Ebersberg wird seit über 1.000 Jahren die Hirnschale des Heiligen aufbewahrt, weshalb die Gemeinde als zentraler Ort der Sebastiansverehrung gilt. In Singenbach gibt es eine Monstranz, in die eine Sebastiansreliquie (ein Pfeil) eingearbeitet ist. Im Jahre 1772 soll sie in Gerolsbach ein Wunder bewirkt und die Pestseuche zum Abflauen gebracht haben.

Ein Künstler namens Georg Pausch schnitzte in den Jahren 1664 bis 1667 die Sebastiansfigur für den Altar der St. Anton- und Sebastians-Bruderschaft in Schrobenhausen. Anläßlich der Renovierung der Stadtpfarrkirche von 1854 bis 1859 wurde auch die Figur versteigert und kam nach Singenbach in eine Kapelle. 1933 fiel diese in sich zusammen und der heilige Sebastian kam in Privathände nach Gerolsbach. Pfarrer Kirchmayr hatte sich vergeblich bemüht, die inzwischen „weitergewanderte" Figur für die Kirche aufzukaufen.

Leben in Bayern: Eisstockschießen

Die älteste Wintersportart in Mitteleuropa ist wahrscheinlich das Eisstockschießen. Schon die alten holländischen Maler haben in vielen Stichen und Gemälden Eisstockschützen dargestellt. Im Alpenraum wurde schon in einer Chronik aus Rattenberg (Tyrol) aus dem Jahr 1427 von einem „Hochzeits-Stockschießen" berichtet. Bei entsprechender Witterung beginnt in Altbayern meist am Stephanitag die Saison.

Für das Spiel wird eine glatte Eisbahn von bis zu 50 Metern Länge und einigen Metern Breite sauber geräumt und eventuell mit Wasser aufgespritzt.

Das Eisstockschießen beginnt mit dem „Zammschießen": Der Eisstock wird dafür mehr oder weniger gekonnt über die spiegelblanke Eisbahn halb geschoben, halb geworfen und dadurch zum Gleiten gebracht, wobei der Schütze vom eigenen Schwung oft noch ein wenig mitrutscht. Beim „Zammschießen" zielen alle auf einen Holzwürfel, die „Daubn" (früher eine Fassdaube). Ein Team, die „Moarschaft", wird aus der Hälfte aller Spieler gebildet, deren Stock der Daube am nächsten stehen geblieben ist. Der Rest bildet dann die gegnerische Moarschaft. Beide Teams wählen ihre Mannschaftsführer, den „Eng-" und den „Weitmoar".

Die Mannschaft, die anfangen darf, versucht, mit einer „Maß" der Daubn möglichst nahe zu kommen und anderen Stöcken den Weg zu versperren. Die andere Moarschaft versucht dann, den gegenerischen Stock wegzuschießen und dabei selbst der Daube möglichst nahe zu kommen. Das geht so weiter, bis alle Schützen durch sind. Das Team, das am Ende einen oder mehrere Stöcke näher als alle anderen an der Daubn platzieren konnte, bekommt dafür Punkte. Die Mannschaft, die als erste eine bestimmte Punktzahl erreicht, ist Sieger.

Hohes Ansehen, auch in den „besseren Kreisen", und noch größere Popularität im Volk erlangte das Eisstockschießen, als sich Anfang des 20. Jahrhunderts sogar der Prinzregent Luitpold von Bayern in dieser Sportart übte.

'S Kniaranklschiassn

Das Eisstockschießen ist auch in Schrobenhausen eine sehr alte Gepflogenheit. In meiner Jugend hatte noch jeder Bub seinen eigenen Eisstock, oft recht primitiv und vom Vater selbstgebastelt. Damit haben wir auf allen möglichen Eisflächen oder sogar auf der Straße gespielt.

Noch bis kurz vor der Jahrtausendwende hat der „Stief-Jakl" zum „Kniaranklschiaßn" eingeladen. Von den Wirten organisiert, war das ein beliebtes Sonntagsvergnügen. Ein „Kniarankl" ist der gepökelte Teil einer hinteren Schweinshaxe zwischen Fuß und Schlegel. Zwei Moarschaften traten gegeneinander an. Beim Essen waren aber alle wieder vereint und die Verlierer bezahlten auch die Portionen der Gewinner.

Dass dieses „Kniaranklschiaßn" vor 150 Jahren auch schon üblich war, beweist ein Physikatsbericht. Der Bezirksarzt Dr. Eduard Widmann schrieb 1861 an die Kammer des Innern der königlichen Regierung von Oberbayern unter „Vergnügungen und Feste" in Schrobenhausen Folgendes:

Außerordentlicher Hang zu Vergnügungen ist unter dem Volke nicht vorhanden, auch wenige bekannt, welche aufzuzählen wären, doch sind zu erwähnen: Im Winter ist hauptsächlich das Eisschießen, ein bei jung und alt in ganz Oberbayern sehr beliebtes Spiel, man sieht besonders an Feiertagen von jeder Altersstufe, Erwachsene, Gesellen, Lehrjungen und dann noch kleinere Knaben, hier auf dem Eise des Stadtgrabens gegen Westen zu, welcher breit genug zu diesem Spiele und doch nicht tief ist, sodass dieses Vergnügen ganz gefahrlos ist. Schlittschuhlaufen, ein Vergnügen anderswo viel bekannt, sieht man hier äußerst selten. Jedermann, der auf das Eis geht, beschäftigt sich mit diesem Eisschießen, entweder selbst, davon anteilnehmend oder auch nur zuschauend.

Im Wirtshaus vergnügt sich der Landmann besonders an Sonn- und Feiertagen miteinander bei seiner Maß Bier an einem allgemeinen Gespräch über Tages- und politische Neuigkeiten, oder man sucht im Kartenspiel, welches aber nicht zu hoch im Gelde gespielt wird, sich zu vergnügen.

Lichtmess – 2. Februar

Wenns an Lichtmess stürmt und schneit,
ist das Frühjahr nimmer weit,
ist's an Lichtmess heiter,
geht der Winter weiter.

Gleich am Anfang des Monats Februar stehen zwei Feiertage, der Lichtmess- und der Blasiustag, die auch heute noch großes Ansehen haben.

An Lichtmess, dem Tag „Maria Reinigung" oder „Frauentag der Kerzenweihe", wurden früher Körbe voller Kerzen geweiht. Bevor man elektrisches Licht hatte, brachte man den gesamten Jahresvorrat mit zur Messe. Seit mehr als 1.000 Jahren werden an diesem Tag auch die Altarkerzen geweiht und zwar ebenso der gesamte Jahresbedarf. Für Pfarrkirchen mit Filialkirchen kamen da schon ein paar Waschkörbe voll zusammen. Neben den Altarkerzen bekommen heute auch noch alle Kerzen und Wachsstöckerl, die als Schutz- und Segensmittel für die Haushalte dienen, einen kirchlichen Segen. Früher erhielt jeder im Haus eine geweihte Kerze oder ein Wachsstöckerl: die Männer dicke weiße Kerzen, die Frauen ein weißes oder rotes Wachsstöckerl, teils reich verziert, und die Kinder ein buntes „Pfenniglichtl". Auch die Kerzen für den Hergottswinkel, für die Versehgarnitur, aber auch die schwarze Wetterkerze und eine Sterbekerze nahm man an Lichtmess für den Segen mit in die Kirche.

Vorher fand meist ein Wachs- oder Lichtmessmarkt statt, auf dem man sich eindecken konnte. So ein Stöckerl formte der Wachszieher aus einem einzigen dünnen Kerzenzug. Vielerlei Formen konnte er diesem Wachsstock geben: rechteckig, rund, Hufeisen-, Kugel- oder Buchform usw. Zierwachsstöckl bekamen eine Ornament-, Bild- oder Reliefverzierung. Anrufungen wie „Maria bitt", „Maria hilf", „Gedenke mein" usw. mit Girlanden, Rosetten oder Papierblumen komplettierten das Stöckerl.

Geweihte Wachsstöckerl hat man früher zu allen Gelegenheiten verschenkt, sie waren gern gesehene Präsente bei Frauen und Mädchen. Dienstbotinnen erhielten sie von der Bäuerin, Kinder von ihren Eltern. Der Knecht bedankte sich bei der Hausdirn mit einem Stöckerl dafür, dass sie ihm ein ganzes Jahr lang seinen Strohsack aufgeschüttelt und seine Kammer ein wenig aufgeräumt hatte. Auf dem Boden der Präsentschachtel notierten die Mägde Datum und

Namen der Geberin oder des Gebers. Wachsstöckerl hat auch die „Godn" (Patin) zur Taufe, Firmung und Hochzeit dem Patenkind geschenkt. So waren diese Stöckerl immer hochgeschätzte Erinnerungen an die Dienstzeit, den Hof, die Kollegen, Verwandten oder Freunde. Nachfolgende Generationen haben diese wächsernen Schätze ebenso aufbewahrt.

Wachsstöckerl zündete man nur aus religiösen Anlässen an: wenn sich nach dem Abendessen die ganze Hausgesellschaft um den Tisch im Hergottswinkel zusammensetzte und gemeinsam den Rosenkranz und das Nachtgebet sprach, wenn ein aufziehendes Unwetter Haus, Hof, Tiere und Ernte bedrohte oder man Gott um Hilfe anflehte für einen schwerkranken Angehörigen, aber auch wenn man eines Verstorbenen gedachte.

In der Kirche wurde das Stöckerl nur bei der Roratemesse, beim Requiem und dem Totenrosenkranz angezündet.

Auch als Liebesbote wurde das Wachsstöckerl eingesetzt. Heiratslustige Mädchen schoben die sogenannten Freundschaftsstöckerl zwischen ihre Aussteuer im Wäscheschrank.

Rote Wachsstöcke sollten Trauernden und Gebärenden Trost und Kraft geben. Natürlich hat man diese farbigen Zierwachsstöcke niemals angezündet.

Dienstbotenwechsel oder Schlenkelweil

Auf den Bauernhöfen war Lichtmess einer der wichtigsten Termine im Jahr. Er war von alters her im bäuerlichen Jahreslauf der Tag des Dienstbotenwechsels. Im Haus und auf dem Hof war das Dringendste getan. Das Getreide war auf der Stadltenne mit der Drischel ausgedroschen, das Holz im Wald war geschlagen. Nur das Brennholz für den nächsten Winter war noch „zum kliam". Die Feldarbeit begann erst im März. Der beste Zeitpunkt also für das Gesinde, entweder seinen Dienst zu verlängern oder den Hof zu verlassen, um sich an einem anderen Platz zu verdingen.

Lichtmess war auch der Zahltermin fürs ganze Jahr. Seit 1919 gab es auch ein Dienstboten- oder Arbeitsbuch.

Bei schweren Verfehlungen eines Knechts sagte der Bauer auch schon mal viel früher: „Haid is Lia'messn fia di" und jagte ihn damit sofort vom Hof. War er aber mit allem zufrieden, fragte der Bauer sein Gesinde schon im alten Jahr, wer bleiben wollte. Wer nicht gefragt wurde, wusste dann schon, dass er weggehen musste.

Bauern und Bäuerinnen, die nach neuem Gesinde suchten, und Dienstleute ohne Stelle trafen sich dann in der Stadt. Letztere erkannte man an einem grünen Zweig am Hut oder am Brusttuch. Man traf sich, man sprach sich an und bei Interesse ging man in eine Wirtschaft, setzte sich zusammen, handelte den Jahreslohn, das „Ausbedung" und andere Modalitäten aus; so bekam der Knecht oft extra Geld, wenn er eine Fuhre Holz und Getreide auslieferte oder ein Fohlen verkauft wurde. Die Stalldirn konnte oft ihr Gehalt aufbessern, wenn ein Stück Vieh verkauft wurde oder die Milchleistung zum Buttern gesteigert werden konnte. Neben Geld zu hohen Feiertagen, Dulten und zu Weihnachten wurde um Sachleistungen wie Leinen, Kopftücher, Kleidung, Schuhe und Kerzenwachs gehandelt. Alles mündlich und per Handschlag auf Treu und Glauben und es galt genauso als hätte es der Notar verbrieft.

Junge Dienstboten, wie die Kindsdirn und der Roßbua oder Hüterbua, wurden meist von ihren Eltern begleitet, die dann darauf sahen, dass das Kind einen gerechten Lohn bekam.

Bessere Herrschaften aus der Stadt und auch manche Bauern schalteten eine „Verdingerin" oder einen „Schmuser" ein, die sich um die Vermittlung kümmerten. Oft war das ein „Oar- und Butterwei", eine Botin oder ein Viehhändler, Schäfer, Häuserschmuser oder Hochzeitslader. Um 1900 gab es auch schon eine Verdingerin, die sich für ihre Tätigkeit des Zeitungsinserats bediente.

Die Tage von Lichtmess bis Agatha (5. Februar) waren für die Dienstboten vertraglich gesicherte Freizeit, die Schlenkelweil, auch Schlankeln genannt. Da traf man sich oft nach langer Zeit wieder mit Eltern, Geschwistern und Freunden. Wer seinen Arbeitgeber gewechselt hatte, erkannte nach dieser Zeit bald, ob sich der Tausch gelohnt hatte oder er vom Regen in die Traufe gekommen war.

Auf manchen Bauernhöfen gab es beim Wechsel, vor allem für Knechte, auch einen Schmausbrief, der aufzählte, mit was für einer Verpflegung man über das ganze Jahr zu rechnen hatte. Ein solcher Schmausbrief aus dem Jahr 1820 zeigt, was im alten Bayern auf den Tisch kam:

Neujahr
Ein Mittagstisch mit Suppe, Semmelknoden, zwei Fleisch (zum Schweinsbraten Kraut), Kiacherl – was sie mögen –, Bier eine Halbe die Person.

Dreikönig
Der Neujahrstisch (nur ohne Kiacherl).

Drischlmahl
Das Fleisch wie beim Neujahrstisch, aber Bier – was sie mögen –, auch Kiacherl (Jedem drei zum Essen und sechs zum Verteilen).

Lichtmesse
Knoden und Fleisch ohne Bier.

Fastnacht
Der Neujahrstisch (jedoch ohne Kiacherl), aber jedes eine Halbe Bier, zur Nacht ein Fleisch.

Palmtag
Eine Mittagsmahlzeit mit Suppe, Mehlspeise und eine Schüssel voll Kiacherl (Jedem sechs zum Verteilen), die Person eine Halbe Bier.

Charfreitag
Zu Mittag Weizennudeln, Zwetschgen und Kletzen. Zur Nacht Wassersuppe, Weißbrot und Jedes seine Halbe Bier.

Ostern

Der Neujahrstisch (aber ohne die Kiacherl) und Mittags eine Halbe Bier die Person. Nachtbraten – was sie mögen – (kein Bier).

Auffahrtstag

Knoden und Fleisch zu Mittag, eine Schüssel voll Kiacherl zum Essen (und sechs ein Jedes zum Austheilen), eine Halbe Bier die Person. Zur Nacht etwas Kloans (d. h. eine Mehlspeise).

Pfingsten

Knoden und Fleisch, eine Schüssel voll Schnittl zum Essen (und sechs zum Austheilen), eine Halbe Bier Jedes. Zu Abend etwas Kloans.

Prangtag

Knoden und Fleisch, eine Schüssel Kiacherl (sechs zum Austheilen ein Jedes).

Sonnwendtag

Wie am Prangtag. Die Kiacherl zum Mitnehmen vom Tisch und Austheilen kommen zur Wäscherin und Flickerin, zu Eltern und Geschwistern, auch Liebchen und Schatz.

Erntetage

Mehlspeise Montag, Mittwoch, Freitag, Samstag. Fleisch Sonntag, Dienstag, Donnerstag. Zum Frühstück Milchsuppe und Gries.

Erntemahl

Eine Mittagsmahlzeit mit Suppe, Voressen, Rindfleisch und Schweinsbraten – so viel sie essen mögen –, Kiacherl zum Essen und Austeilen.

Heutage
Morgens eine Milchsuppe mit Weizenschmarren. Mittags Kiacherl.
Abends zum Gang auf die Wiese den Mähern Suppe und Mehlspeise
(jedoch ohne Bier), nach der Heimkehr Suppe mit Salat,
Gurken (Kukummera) und Brod.

Michaeli
Knoden und Fleisch und Kiacherl zum Essen und Austheilen.

Kirchweih
Vorkirchweih: Wassersuppe, Jedes eine Halbe Bier und Brod.
Kirchweih: Frühstück Suppe, Würste und Bier; Mittagsmahl Suppe,
Voressen, Fleisch, Semmelknoden, zwei Braten (sonst dafür eine Gans
oder Spanferkel), zum Schweinsbraten das Semmelmus,
Kiacherl zum Essen und Austheilen; Abendtisch Fleisch und
Braten. Bier den ganzen Tag – was sie trinken mögen.

Martini
Zu jeder Mahlzeit eine Gans, das Jung als ein Voressen, Rindfleisch
und Jedes eine halbe Bier.

Allerheiligen
Suppe mit Semmelknoden zum Mittagstisch, Rindfleisch und
Schweinsbraten und Jedes seine Halbe Bier. Abends etwas
Bachenes.

Nikolai
Ein großer Krug mit Bier.

Christtag
Zum Frühstück drei Rosenwürste mitsammen, dazu noch Jedes eine
Leberwurst. Der Mittagstisch wie sonst an Festen (ohne Kiacherl, aber
mit Bier). Zur Nacht Fleisch und Braten – was sie essen mögen –
(jedoch kein Bier).

Sylvester
Zu Abend Kiacherln mit Nudeln.

Gewöhnliche Tage
Sonntag, Dienstag, Donnerstag Knoden zu Mittag und Montag,
Mittwoch, Freitag Baunzen, Abend abgewechselt Suppe oder Eier.
Zur Samstagsnacht die Schmalznudeln.

Leben in Bayern: S'Kartln

Schon auf alten Zeichnungen und Gemälden findet man Soldaten und
Landsknechte beim Würfeln oder beim Kartenspiel. Auch im Physikatsbericht von 1861 ist verzeichnet, dass sich die Bauern am Sonntagnachmittag gern beim Kartln vergnügt haben. Handwerker, Bürger
und auch die Schulbuben übten sich liebend gern und oft darin. Ein
paar lockere Sprüche beförderten das unbeschwerte Miteinander und
die gesellige Kommunikation. An den Winterabenden saß oft schon die
Oma mit den Kindern noch ein wenig bei Kartenspielen zusammen wie
„66-gern", „Grasobern", „Unterln", „Barn ausm Land naus dreim", „Her-
zeln", „Zwigga", „Tarrocken" oder „Schwarzer Peter" usw.

Oft war es wohl das „Wattn", welches das einfache Volk wie Fuhrleute, Landarbeiter, auch junge Leute angezogen hat. „Max", „Belle",
„Soacha" und „Spitz" kennt heute noch jeder halbwüchsige Bub in Altbayern. Nach dem das Watten um Geld als Glücksspiel polizeilich verboten worden war, wurde eben das Bier am Tisch ausgespielt.

Des Wattn is a oides Spui,
so heard mas vo de oidn Leit.
Adam und Eva haoms scho kennt,
des „Biet'n" und des „Deit'n".

Das eigentliche Kartenspiel der Altbayern ist aber auch heute
noch das Schafkopfspiel. Dieses Spiel ist wohl deshalb so beliebt,

weil es eigentlich kein Glücksspiel ist, da alle Karten ausgegeben werden. Das gegenseitige Locken, Schrecken, Irreführen und vor allem ein gutes Gedächtnis sind genauso wichtig wie gute Karten. Es reicht nicht, dass man die Spielregeln kennt, man muss sich auch auf die Mitspieler einstellen und braucht dazu eine gute Menschenkenntnis und Schläue, aber auch die richtige Strategie ist sehr wichtig.

Zu einem richtigen bayerischen Wirtshaus gehört auch immer mindestens ein, besser mehrere Kartlertische. Ausdrücke wie „Oide", „Schoinsau", „Graosober", „Wenz", „Solo", „Du", „Bua", „Herzkini", „mischn", „abspoatzn", „spritzn" schwirren dann durch die Wirtsstube. Feste Runden trafen und treffen sich täglich oder wöchentlich in der Mittagspause oder zum Dämmerschoppen.

Mancher Student musste wegen übermäßigen Zeitvertreibs beim Karteln schon ein oder mehrere Semester dranhängen. Auch beim „blauen Montag" spielte das Kartenspiel oft eine Rolle. Bei der Jugend kommt es heute gegenüber dem Internet meist stark ins Hintertreffen.

Blasiussegen und Einblaseln – 3. Februar

Am 3. Februar, dem Fest des heiligen Blasius, opfert man Kerzen für die Kirche. Der Heilige soll als Bischof von Sebaste (Sivas) einst einen Buben vor dem Ersticken an einer Fischgräte gerettet haben und wird heute als einer der Vierzehn Nothelfer angerufen, vor allem bei Halsleiden, Husten, Kropfbildung und Zahnweh.

Beim Blasiussegen stecken die Gläubigen ihren Hals zwischen die zwei vom Pfarrer über Kreuz gehaltenen, geweihten, brennenden Kerzen und der Geistliche spricht den Segen: „Durch die Fürbitte des heiligen Bischofs und Märtyrers Blasius befreie Dich Gott von jedem Übel des Halses und jeder anderen Krankheit." Diesen Brauch kennt man seit dem 17. Jahrhundert.

Wie bei manch anderen Gelegenheiten vertrauten die Leute einst lieber der Segenskraft der Mönche in ihren Klöstern als der von Priestern, die beruflich als Pfarrer eine Gemeinde betreuten.

Eifersüchteleien der Pfarrer gegen die Klosterbrüder waren deshalb keine Seltenheit.

Die Vierzehn Nothelfer, alphabetisch

Achatius, 22. Juni
Im 2. Jahrhundert unter Kaiser Hadrian gekreuzigt.
Attribute: Ritter oder Edelmann, wird oft mit Dornenzweig oder
-kranz oder Kreuz mit Palme gezeigt. Helfer bei Todesangst,
auswegloser Lage, Zweifel.

Ägidius, 1. September
680 Abt von St. Gilles/Rhone.
Attribute: Abt mit Pfeil und Hund. Helfer bei Unfruchtbarkeit,
für stillende Mütter, bei geistiger Not und Krankheiten, Sturm,
Feuergefahr, Trockenheit, Beistand bei Verlassenheit und
für eine gute Beichte.

Barbara, 4. Dezember
Märtyrerin im 3. Jahrhundert: Verleugnete ihren Glauben
nicht, wurde vom eigenen Vater dem Gericht übergeben, welches
sie zum Tode verurteilte.
Attribute: Turm, Kelch, Hostie, Kanonenrohr, Palme, Krone,
Schwert oder Fackel. Helferin bei Gewitter, Feuergefahr, Fieber,
Pest, für die Gnade der letzten Wegzehrung und
gegen jähen Tod.

Blasius, 3. Februar
283 bis 316 Bischof von Sebaste, Märtyrer während einer
Christenverfolgung unter Kaiser Licinius im 4. Jahrhundert.
Attribute: Kerze, Kanne, Schwein, Hund. Helfer bei
Halskrankheiten, Kinderkrankheiten, Zahnweh, Pest,
gegen wilde Tiere und für eine
gute Beichte.

Christophorus, 24. Juli

Soldat um 250 n. Chr. in Kleinasien. Christusträger und Märtyrer.
Attribute: Riese mit Jesuskind. Volksglaube: Wer einen
Christophorus geschaut, stirbt an diesem Tag keines jähen Todes.
Helfer gegen Unwetter, Feuer, Wasser. Patron der Reisenden,
Kraftfahrer, Schiffer und Verletzten.

Cyriakus, 8. August

Märtyrer um 304 n. Chr.
Attribute: Diakongewand, wird mit Almosen, Palme, Schwert,
Drachen oder als Gärtner dargestellt. Helfer bei der Arbeit, gegen
Versuchung duch böse Geister, Beistand in der Sterbestunde.

Dionysius, 9. Oktober

Bischof von Paris, Märtyrer um 250 n. Chr.
Attribute: Bischof der sein Haupt im Arm trägt. Helfer bei
Kopfweh, Seelenleiden, Tollwut.

Erasmus, 2. Juni

Bischof in Syrien, mehrfach gefolterter Märtyrer im 4. Jahrhundert.
Attribute: Bischof mit Gedärmwinde und Pfriemen in den
Fingern. Helfer bei Geburt, Unterleibsleiden, Krämpfen,
Kolik und bei Viehkrankheiten.

Eustachius, 20. September

Römischer Heerführer, starb unter Kaiser Hadrian
um 118 n. Chr. den Martertod.
Attribute: Jäger mit Hirschgeweih und Kreuz, mit glühendem
Ofen oder wilden Tieren. Helfer gegen schädliche Insekten,
trauriges Schicksal.

Georgius, 23. April

Römischer Soldat, unter Kaiser Diokletian um 304 n. Chr. in
Kappadokien enthauptet.

Attribute: Ritter mit Drachen, von einer Lanze durchbohrt.
Helfer gegen Fieber, Beschimpfungen, Versuchungen,
Kriegsgefahr, für Stärkung im Glauben.

Katharina, 25. November
Hat Anfang des 4. Jahrhunderts n. Chr. in Alexandrien
den Martertod erlitten.
Attribute: Als Königstochter mit Krone, Kreuz, Buch, Palme,
Schwert und Rad gezeigt. Helferin bei Mundkrankheiten
und Migräne.

Margareta, 20. Juli
Jungfräuliche Märtyrerin.
Attribute: Märtyrerkrone, Kreuz, Palme und Drachen.
Helferin bei Schwergeburt, Gesichtskrankheit, Wunden.
Zusammen mit Barbara und Katharina die
Drei Heiligen Madl.

Pantaleon, 27. Juli
Märtyrer um 305 n. Chr. bei einer Christenverfolgung
unter Kaiser Maximilian in Kleinasien.
Attribute: Edelmann mit beiden Händen über dem Kopf
an Palme oder Ölbaum gebunden, wird mit Löwe, Schwert
und Medizinfläschchen dargestellt. Helfer bei Kopfleiden,
Magersucht, Viehkrankheiten und
Heuschreckenplage.

Vitus (Veit), 15. Juni
Musste bei der Christenverfolgung unter Kaiser Diokletian im
4. Jahrhudert auf Sizilien den Martertod erleiden.
Attribute: Junge, vornehme Gestalt mit Buch, Kessel, Ampel,
Knüppel, Brot, Hase, Löwe oder Adler. Helfer gegen Taubheit,
Augenleiden, Bettnässen, Hysterie, Besessenheit,
Veitstanz (Epilepsie), Krämpfe, Unfruchtbarkeit, Blitze,

Feuergefahr, Gewitter, Unwetter und für die Bewahrung der Jungfernschaft, auch für eine gute Aussaat und eine gute Ernte.

Valentinstag – 14. Februar

Der heilige Bischof Valentin von Terni erlitt anno 269 den Märtyrertod durch Abschlagen des Kopfes. Er gilt unter anderem als Patron der Liebenden und der Paare.

Wie schnell Bräuche nicht nur verschwinden, sondern auch durch Kommerz und Werbung neu entstehen können, haben wir beim Valentinstag miterlebt. Er verdrängte einen Feiertag der römischen Göttin Juno, der einst mit einem Blumenopfer für Ehe und Familie gefeiert worden war. Wenigstens die Blumen sind erhalten geblieben, nur macht man heute damit seiner Liebsten eine Freude.

In Italien und milden Gegenden Englands soll man sich schon früher zum Valentinstag Blumen geschenkt haben. Über Nordamerika kam dieser Brauch durch Besatzungssoldaten nach dem Zweiten Weltkrieg nach Deutschland, wo es dank der Gewächshäuser nun auch zu dieser Jahreszeit Blumen gab. Weil die Aufzucht von Gartenpflanzen aber eine im Winter aufwendige, viel Platz einnehmende und somit teure Sache ist, hat man fleißig für den neuen Valentinsbrauch geworben. Andenken- und Süßwarenhersteller haben sich dem gerne angeschlossen.

Den Namenstag darf man heute eher vergessen, aber nicht die Valentinsgabe.

Vom Gumpigen Pfinzda bis zum Fasenacht-Dienstag: d'Freid an der Narretei

„Lustig ist die Fasenacht" – und schon die zweite Zeile des Verses, nämlich „wenn mei Muatta Küacheln backt", weist darauf hin, dass zu einem Fest auch immer schon der leibliche Genuss in Form eines Festmahls gehörte.

Schon im „Parzival" von Wolfram von Eschenbach findet man um 1200 n. Chr. Belege für Fastnachtsbrauchtum. Übrigens: Die „Fasenacht" hat ihren Namen wohl schon im Mittelalter von der „Nacht vor dem Fasten" bekommen. Auch das Wort „Karneval" (von italienisch: *carne vale*) bedeutet nichts anderes als „Fleisch, lebe wohl". Der Karneval kam im 17. Jahrhundert aus Italien, fand hauptsächlich im Rheinland Anklang und erhielt seine heutige Ausprägung in der ersten Hälfte des 19. Jahrhunderts unter preußischer Oberhoheit. Im Süden und Südwesten hielt man bis zur Mitte des vergangenen Jahrhunderts noch weitgehend an der altüberlieferten Form der Fasenacht und des Faschings fest. Die närrischen Tage umfassten damals noch nicht die ganze Zeit ab Dreikönig, sondern beschränkten sich auf die letzten sechs Tage vor dem Aschermittwoch.

Dabei unterschied man genau zwischen Fasching und Fasenacht: Der Fasching an der Paar fand hauptsächlich „im Saal" statt und dauerte vom „unsinnigen" oder „gumpigen Pfinzda" (Donnerstag) über den „ruaßigen Freida" (Freitag) bis zum „schmalzigen Samsda" (Samstag). Wobei am Freitag auf Stadtratsgeheiß keine Veranstaltungen stattfanden, dafür wurde möglichst jeder, der nicht maskiert war, im Gesicht mit Ofenruß beschmiert. Den durfte man sich nicht gleich wieder abwaschen.

Am Fasenachts-Sonntag, der „Narren-Kirchweih" und der „Herren-Kirchweih", begann dann die Fasenacht, die mehrheitlich auf Straßen, Gassen und Plätzen gefeiert wurde. Berichte vom 16. bis ins 19. Jahrhundert bezeugen deftige, lustige Theateraufführungen auf öffentlichen Plätzen, Umzüge, meist mit Musik und Tanz, und vielerlei andere Possen. Heute noch erhaltene Beispiele dafür sind der Schäfflertanz und die Bettelhochzeiten mit unverheirateten Männern, Knechten und ledigen Kindern.

Der Fasenachtsmontag oder auch „Blauer Montag" galt als Bauerntag, da führte der Mann seine Frau zum Tanz, auch Hochzeiten feierte man gerne an diesem Tag.

Auch in meiner Heimat Schrobenhausen hat der Fasching eine lange Tradition: Schon aus dem Jahr 1579 wird berichtet, dass ein Wirt während der Fasenacht für seine Gäste, Knechte und Dirnen die Sperrstunde weit überzogen habe.

Hier war es ein Privileg der Metzger, alle Jahre in der „Aller-Narren-Vasenacht" den Metzgerumzug zu veranstalten. In der ersten Hälfte des 18. Jahrhunderts führten sie oft abwechselnd derbe Lustspiele wie das „Ochsenschlagen" und die „Schmälzin" dem begeisterten Publikum vor. Besonders nach Seuchen- oder Kriegsjahren bat man hier auch meist die Metzger, wie andernorts die Schäffler, ihre Umzüge und Aufführungen zur Volksbelustigung und Aufheiterung der verängstigten Bürger vorzuführen.

Nach dem Vorbild des bayerischen Herrscherhauses der Wittelsbacher hat man früher gern Hochzeiten nachgespielt, komplett mit Hochzeitslader und Pfarrer, selbst Kinder zogen in einzelnen Dörfern so von Haus zu Haus. Die Braut wurde dabei von einem Burschen dargestellt, der sich recht frech benahm.

In Manching bei Ingolstadt hat man diesen Brauch vor Jahren wiederbelebt. Masken wie „Lumperer", Hausierer, Scherenschleifer, Kesselflicker, Besenbinder, Kirmzäuner, „Hemadlenzen", Bärentreiber, Mohren und Zigeuner durften und dürfen nicht fehlen. Hinter einer Maske oder „Larve" wollte man immer schon ein anderer, glücklicherer Mensch sein und alle Mühsal des Alltags vergessen.

Von Frauen als aktiven „Maschgara" liest man über die Jahrhunderte so gut wie nichts. Weibliche Figuren wurden meist von Männern dargestellt. Viele kleine „Maschgara" beiderlei Geschlechts zogen von Tür zu Tür mit dem Bettelvers:

I bin a kloana Maschgara und hob an großen Soag
und weil i no nix drinna hob, drum bitt i um a Gab.

Andere sagten auch:

Maschgara samma ganga,
ham an Rucksack mitgnomma
zum Küachl neidoa,
aba kriegt homa koa.

Schon 1540 hat der berühmte Nürnberger Schuster und Dichter Hans Sachs in einem lustiges Fastnachtsspiel vom Krapfenholen im Fasching geschrieben. Die Mädchen hatten es dabei oft schwer gegen die wilderen Buben und setzten dann eines drauf:

I bin a kloans Deandl,
i muaß mi fest rührn,
sonst dean mi die Großn
in Soag einischiam.

Am Fasenacht-Dienstagnachmittag war ebenso wie am Sonntagnachmittag großes Maschgaratreiben, an dem sich viele Bürger und Handwerker beteiligten. Am Abend traf man sich in den Wirtshäusern zum Kehraus, meist mit Fasenachtsbegräbnis.

Aschenkreuz und Fastenzeit

Schlag Mitternacht vom Faschingsdienstag auf Aschermittwoch beginnt die 40-tägige Fastenzeit vor dem Osterfest. Gläubige Christen lassen sich am Aschermittwoch im Gottesdienst vom Pfarrer ein Aschenkreuz auf die Stirn zeichnen und dabei spricht er die Segensworte: „Gedenke, o Mensch, dass du Staub bist und zum Staub zurückkehren wirst." Die Asche stammt entweder vom Osterfeuer oder von verbrannten Palmbuschen aus dem Vorjahr. Sie symbolisiert Vergänglichkeit und Tod, Reinigung und Auferstehung.

Dass man sich Asche aufs Haupt streut, ist keine Besonderheit des Christentums. Diese symbolische Handlung galt fast zu allen Zeiten als Zeichen der Trauer, aber auch als Mittel zur Reinigung

und der Sühne. Alle Christen, vor allem die „öffentlichen Büßer",
sollen am Aschermittwoch in sich gehen (Beichte) und den rechten
Weg suchen und weitergehen. Der Tag steht für eine Zäsur und den
„gachen" Wechsel von ausgelassener Fröhlichkeit zur stillen Besinnung.

Weil man die Sonntage stets vom Fasten ausgenommen hat,
aber auf eine insgesamte Fastenzeit von 40 Tagen bis Ostern kommen musste, wurde im 5. Jahrhundert der Beginn des Fastens auf
den Aschermittwoch vorverlegt. Manchem fällt der jähe Übergang
vom reichlichen Essen und Trinken zur kargen Fastenkost noch
recht schwer und so versucht man, den kulinarischen Sprung mit
einem Fischessen oder einem sauren Hering zu erleichtern.

Einige Bauern saßen am Nachmittag des Aschermittwoch schon
wieder beim Wirt und ließen am Abend die Bäuerin nachkommen,
um später gemeinsam den Heimweg anzutreten. Andere trafen
sich schon am Morgen zum Geldbeutelwaschen oder sie erledigten
dies im Stadtbrunnen; die Waschung sollte dafür sorgen, dass dem
Geldbeutelbesitzer im kommenden Jahr nie der Inhalt seines Beu-
tels ausging.

Am Abend trafen sich dann die Wirte, die während der eigentlichen Faschingstage ja nicht mitfeiern, sondern die Leute hatten
bedienen müssen, bei einem Kollegen zum abschließenden „Wirte-
fasching".

Strenge Fasttage sind der Aschermittwoch und der Karfreitag.
Die Leute suchten und fanden immer wieder Wege, um die strengen Fastengebote zu halten und dennoch erträglich und angenehm
zu leben. Weltliche und kirchliche „Herren" überbrückten die Zeit
eigentlich recht gut mit Fastenbier und allem, was im und vom
Wasser lebte und „nicht blutete".

Man kann den Leuten ihren kulinarischen Erfindungsreichtum
nicht verdenken, wenn man überlegt, dass es mancherorts bis zu
120 Fastentage im Jahr gab. Neben der Fastenzeit vor Ostern und
Weihnachten kannte man noch das Ernte-, Martini- und Silvesterfasten, zudem galten alle Freitage als Fasttage.

Der Singenbacher Schreinermeister Peter Lönner listete um 1929 für die Fastenzeit folgenden Speiseplan auf:

Frühstück:
Wassersuppe mit eingebrocktem Brot
Brotzeit:
Überbleibsel vom Frühstück
Mittagessen:
Kurzes (Rüben)Kraut mit Drahde Wixpfeiferl
Vesper:
G'stöckelte Milli
Abendessen:
Zwutzelsuppn mit Ei oder ohne (Faggesuppn)

Auch außerhalb der Fastenzeit war so ein Speiseplan keine Seltenheit. Dabei mussten diese Leute damals ohne Maschinen schwer arbeiten. Ich habe Peter Lönner noch als einen frohen und besonders freundlichen Menschen in Erinnerung.

Ärzte und Gesundheitsbewusste meinen seit Langem, dass man das Fasten erfinden müsste, gäbe es nicht schon ein strenges Gebot dafür. Dabei tut das maßvolle Fasten nicht nur dem Körper, sondern auch dem Geist gut: Ursprünglich war die Fasten- und Bußzeit eine Vorbereitung, Prüfung und Läuterung der Kandidaten, die in der Osternacht die Taufe empfangen wollten.

Eine alte Spruchweisheit:

Jetzt san Fasttag –
jetzt hats Maul Rasttag.

Übrigens: Man durfte während der Fastenzeit auch keine Eier essen, denn sie galten als flüssiges Fleisch.

Josefitag – 19. März

Der Monat März wird neben „Fastenmonat" und „Lenzmonat" auch „Josefimonat" genannt. Gerade in Bayern gab es viele Josefs, Josefines und Josefas oder bayerisch-abgekürzt: Sepp, Seppe, Sepperl, Bepperl, Beppi, Sefi und Fini.

Oft kam es vor, dass auf einem Hof mehrere Josefs zu Hause waren. Ein alter Spruch dazu: „Sepp, sag's an Seppi, dass er an Sepperl sagt, dass mia da Josef die Milli in de Kuchl neitragt."

Der heilige Josef ist der Schutzpatron der ganzen katholischen Kirche, aber ganz besonders der Arbeiter und Handwerker wie der Zimmerer, Schreiner, Wagner, Metzger, Waldarbeiter und anderer Berufe. Auch Eheleute, Familien, Kinder, Jugendliche, Jungfrauen, Waisen, Erzieher, Lehrer, Ordensgemeinschaften, Bruderschaften und Vereine riefen in Notfällen den Ziehvater Jesu um Hilfe und Fürsprache an.

Bis 1912 war der Josefstag auch ein kirchlicher Feiertag. Als halber Feiertag und Bauernfeiertag hatte er bis weit nach dem Zweiten Weltkrieg hohe Bedeutung. In Aichach trifft sich heute noch jedes Jahr am 19. März die „Josefspartei" und verlangt die Wiedereinführung des Feiertags.

Weil am Josefitag noch wenig Feldarbeit anstand, saßen die Bauern und Burschen oft „griawig" beim Wirt beieinander und probierten das süffige Fastenbier.

Ein alter Bauernspruch lautet:

Wenns oamal Josefi is,
endet der Winter g'wiß.

Abzählreime aus der Gegend:

Seppal – Schneegekal

Sepp, Depp, Hennaddreck,
steig aufi aufs Steggal,
schneidt da Katz an Schwanz weg,
's Steggall bricht ao,
schneids ihra ned ganz ao,
da Seppal liegt dao,
dass no bessa laffa ko.

Leben in Bayern: Volksmusik, Gsangl und Tanz

Voksmusik ist Gebrauchsmusik für alle Leute und wird größtenteils von Laien gespielt. In kaum einem anderen deutschen Land wurde und wird sie so intensiv gepflegt wie in Bayern. Besonders die jungen Leute zeigen mit Gesang und Tanz beim „Hoagartn", in der Spinnstube und auf dem Tanzboden ihre Lebensfreude und jugendliche Kraft.

Zu der Zeit nach dem Zweiten Weltkrieg, als man der Volksmusik des Oberlands schon nachgeforscht hat, kannten fast alle Leute in Altbayern noch ganz selbstverständlich viele Mundartlieder und konnten diese Lieder auch auswendig mitsingen. Ganz besonders liebte man die vielstrophigen Lieder, welche kleine Geschichten aus dem Leben erzählten. Wenn damals einer mit der ersten Zeile eines Lieds anfing wie etwa: „Drunt in der greana Au" oder „Waos is heit fia Daog", dann stimmten nach und nach alle Leute ein und sangen die vielen Strophen mit Begeisterung zu Ende. Solche Lieder kennt die Jugend kaum noch, deshalb möchte ich noch einige Beispiele aufzählen: „Der Hintertupferbene", „Der Wistahaho", „Deandl wuist an Edlknabn", „Stieglitz, 's Zeiserl is krank", „Des Kramerstandl", „Die Jahreszeiten", „Wenn i amoi heirat", „Die Jahreszeiten", „Sepp, bleib dao", „O heiliger St. Kastulus", „D'Wirtsdirn vo Haslbach", „Leit miaßts lustig sein", „Wenn i im Himme, sagt er", „Oh du liaba Augustin", „So lang der alte Peter" usw.

Aber auch deutsche Allerweltslieder gehörten zum allgemein bekannten Liedgut dazu, wie etwa „Wahre Freundschaft" oder „Im Grunewald ist Holzauktion" usw. Man kennt auch noch oft sehr innige Wiegenlieder, geistliche und Frauenlieder (Marienlieder). Gute Beispiele sind: „Aba Heidschi bum beidschi, schlaf lange" oder „Im Woid is so staad", „Es werd scho glei dumpa", „Schlaf, Kindal, schlaf" und viele mehr.

Daneben sind auch lustige oder spöttische Lieder bzw. „Schnaderhipfal" eine südbayerische, im Besonderen eine altbayerische Spezialität. Bei Familienfesten wie Hochzeiten usw. werden auch heute noch die Gäste vom Hochzeitslader mit Gstanzln unterhalten oder selbst ausgesungen. Bei Gasthausbesuchen findet man es dagegen heute kaum noch, dass sich zwei Gäste gegenseitig aussingen. Dafür wurde das „Derblecken" der herrschenden Politiker immer beliebter.

Der Weiß Ferdl und der Roider Jackl waren die bekanntesten Interpreten solcher Gstanzl. Obwohl die allgemeine Sprache damals noch etwas derber war, versuchten sie, sich auf dem schmalen Grat zwischen humorvoller Ironie und derber, saftiger „Hinterfotzigkeit" zu bewegen, ohne jemanden direkt zu beschimpfen oder zu beleidigen. Die Nachfolge dieser Größen hat dann der „Nockherberg" angetreten, doch leider nicht mehr mit vertonten Verserln, sondern mit einer „Fastenpredigt" und einem Singspiel, das mit den urtümlichen „Schnaderhipfaln" nicht mehr so viel zu tun hat.

Auf kleinen Märkten und Festen fanden Ziach- oder Drehorgelspieler mit Moritaten (kleine gesungene Erzählungen) immer dankbare Zuhörer.

Irgendwann in den 1950er oder 1960er Jahren hat man in den bayerischen Volksschulen das Fach „Singen" durch „Musik" ersetzt, mit ungeahnten Folgen: Es wird heute einfach weniger gesungen, weil man nicht mehr so viele Volkslieder kennt. Das gesellschaftliche Leben ist dadurch ärmer geworden, auch weil die englischsprachigen Songs, die die Volksmusik aus dem Radio und Fernsehen verdrängt haben, sich weniger zum gemeinsamen Singen eignen. So wurden Akteure (Sänger) zu Konsumenten (Zuhörer und Musikkassettenkäufer). Hoffentlich singen wenigstens die Mütter noch Schlaflieder für ihre Kleinen.

Die Altbayern lieben schmissige, rhythmische Musik und haben auch das richtige Taktgefühl dafür. Das Repertoire an Tänzen ist sehr groß. Es umfasst vor allem Landler, Polka (Kreiz-, Krebs-, Stern-, Zigeina-, Marschierpolka usw.), den Steirischen, Rheinländer, Schottischen, Massianer, Boarischen, Neibaorischen, Dätscher, Dreher, Rundum, Marsch, Schiaba, Schleifer, den Offenen Walzer, Walzer, Siebenschritt, die Mazurka, den Woaf und ganz besonders den altbayerischen Spezialtanz: der Zwiefache oder Dreifache. Hier hat jeder Tanz seine eigene, originäre Schrittfolge.

Auf Anhieb fallen mir da viele Titel ein, die heute noch immer oder wieder getanzt werden: „Da böhmische Wind", „Schaufestui", „Mia san Holledauer", „De oide Kath", „'S Hiatamadl", „Naoglschmied", „S'Eisenkeilnest", „Kirmstrick", „Hopfavogl" und und und ... Manchmal spielt die Musik auch ganz spontane Melodie- und Taktwechsel, um die Tänzer auf die Probe zu stellen. Auftanz, Groschentanz, Polonaise und Francaise werden gerne noch eingebaut.

Die schwer arbeitenden Bauern tanzten auf diese schwungvollen Melodien vielleicht nicht sehr elegant und leichtfüßig, dafür aber sehr flott, temperament- und kraftvoll.

Reigentänze haben vielfach ihre Wurzeln in den Zunfttänzen, die während der Fasenacht und anderen Festen auf den Plätzen und in den Gassen aufgeführt wurden, welche aber heute meist schon lange in Vergessenheit geraten sind. Nicht nur die Münchner Schäffler haben Reigentänze aufgeführt. Jede größere Zunft Münchens und auch jene in den kleineren Städten hatten ihren eigenen Reigentanz. Außerhalb der Hauptstadt waren es oft die Metzger und Bäcker, die hier führend waren.

Die klassische Musik hat die Volksmusik sehr befruchtet, aber auch umgekehrt gingen Impulse (z.B. Orff) aus.

Heute finden Volksmusik und Gesang vielfach noch im kirchlichen Bereich statt. Gesangs- und Instrumentalgruppen gestalten zahlreiche Marien- und Adventssingen oder wirken bei Messfeiern mit.

In manchen Archiven, Bibliotheken und Bauerntruhen warten wohl noch einige Schätze darauf, dass sie gehoben werden. Die

Volksmusik gehört wie der Trachtenjanker einfach zur bayerischen Kulturlandschaft und sie wird ihren Anteil daran zukünftig bestimmt auch wieder stärken. Wie sehr man nämlich in Bayern Musik und Gesang liebt, erlebt man noch bei jedem Volksfest, vor allem dem Oktoberfest, und den vielen Feiern im ganzen Land.

Maria Verkündigung – 25. März

Am Beginn des Frühlings steht ein uraltes Kirchenfest: Schon seit etwa 1.500 Jahren feiert man neun Monate vor Weinachten zum Andenken an die Verheißung der Ankunft Gottes durch den Engel Gabriel dieses Fest.

Früher begannen die Bauern an diesem Tag mit der Aussaat des Getreides in die Erde, auch als Zeichen, dass jetzt neues Leben zu wachsen begann.

An Maria Verkündigung
kehren d'Schwaibal wieder um.

April-April – 1. April

Der April leitet das Wachstum auf dem Felde ein. Dem unzuverlässigen Wettermonat können viele Leute nichts Schönes abgewinnen, der Monat April hat einen schlechten Ruf. Mit seinen häufigen Wetterwechseln stört er das Wohlbefinden der Menschen. Man sehnt sich nach der wärmeren und helleren Jahreszeit, bekommt sie immer wieder ein wenig zu sehen und wird doch noch daraus vertrieben.

Für den Bauern ist dieses wechselhafte Wetter mit viel Regen lebensnotwendig, damit die Saat auf dem Felde keimt und sprießt. Es ist das alte Wunder des Frühlings, die Auferstehung der Natur. Der April ist halt ein sehr „hinterkünftiger Geselle".

Trotzdem ist das kein Grund dafür, warum die Leute am 1. April einander zwischen Mitternacht und Mittagessen zum Narren halten oder sonst foppen. Wer von uns ist nicht schon um ein Schachterl „Ibidum", „Oxdradium", um „gedörrte Flohhaxen", ein „hölzernes Hufeisen" oder einen „Siemens Lufthaken" usw. ins nächste Geschäft geschickt worden. Die Tageszeitungen probieren alljährlich ihre gutgläubigen Leser, die sich doch bitte zur „Spaghetti-Ernte" in Italien melden sollen oder Ähnliches.

Manche Kapitel in alten Kochbüchern, ja sogar einige ganze Kochbücher verzeichnen besondere Rezepte für diesen Tag.

Wie genau der Brauch des „In den April Schickens" entstanden ist, darüber gibt es mehrere Geschichten. Am glaubhaftesten klingt noch jene Theorie, die um das Jahr 1504 oder auch 1564 aufgekommen ist: Als Kaiser Karl IV. im 14. Jahrhundert das Neujahrsfest vom April auf den 1. Januar verlegte, sollen manche bei Neujahrsgeschenken und Zahlterminen noch länger nicht daran gedacht haben, dass ja der Neujahrstag drei Monate vorgezogen worden war; diesen Zeitgenossen blieb der Spott ihrer Mitmenschen natürlich nicht erspart.

Auch schon der wortgewaltige Barockprediger Abraham a Santa Clara verkündete im 17. Jahrhundert von der Kanzel: „Heut ist der 1. April, da schickt man den Narren wohin man will." Man hat sich also schon damals anständig zum Narren gehalten und dies bis in unsere Zeit fortgesetzt.

Leut, passts also auf am 1. April.

Leben in Bayern: Bäuerliche Arbeit und die Wetterweisheiten

Im Mittelpunkt allen bäuerlichen Überlegens, Sinnens und Trachtens stand und steht die Ernte. Für möglichst hohe Ernteerträge setzt der Bauer seine ganze Kraft ein. Alles, was in seiner Macht steht, wird getan. Ohnmächtig ist er allerdings dem Wetter gegenüber, denn Dürre,

Nässe, Sturm und Hagelschlag können alle seine Anstrengungen zunichte machen.

Angespannt verfolgt er also von Monat zu Monat den Witterungsablauf. Immer hofft er, dass sich gute Wachstumsbedingungen von der Saat bis zur Ernte einstellen. Erntekatastrophen machten früher den reichsten Bauern arm und hatten lebensbedrohliche Folgen für die Bevölkerung. Missernten bedeuteten zum einen eine minderwertige Qualität der Produkte wie zum Beispiel angeschimmeltes Korn, angefaultes Gemüse und Kartoffeln, aber auch Fleisch ohne kräftige Fetteinlagen von halb verhungerten Kühen und Schweinen.

Anders als sonnenhungrige Touristen befindet der Bauer das Wetter für gut, das in seinem Ablauf ideal zu den Bedürfnissen seiner Ernte passt. Im Winter wünscht er sich Schnee und Kälte, auf dass die Schädlinge nicht überhandnehmen, im Sommer abwechselnd Wärme und Regen für ein gutes Wachstum. Gute und schlechte Wetterabläufe werden in den Wetterregeln erfasst, um so die Ernteaussichten abschätzen zu können und eventuell frühzeitig zu reagieren.

Wetter- und Bauernregeln sind ein uraltes Volksgut heimischer Naturdeutung und Überlieferung; entstanden aus der Abhängigkeit der Bauern von Boden, Klima und der wechselnden Witterung. Gefragt waren Wettervorhersagen auf längere Sicht, auf der Grundlage von zurückliegenden Wetterbeobachtungen.

Der Geltungsbereich der Wetter- und Bauernregeln war ursprünglich klein und regional begrenzt. In Büchern und anderen Medien wurden sie über das ganze Sprachgebiet verbreitet. Sie waren aber für andere Landschaften oft nicht übertragbar und verloren so allgemein an Glaubwürdigkeit. Zuverlässiger sind Wetterregeln, die auf dem Hof oder im Dorf über Generationen mündlich weitergegeben wurden.

Alle Regeln zeugen aber von einer großen Vielfalt des bäuerlichen Ausdrucks und beruhen sämtlich auf einer lebendigen Naturverbundenheit, auf gründlicher Beobachtung und Erfahrung.

Die bäuerliche Arbeit war bei Aussaat, Düngung und Ernte in Feld und Flur, im Wald, auf der Weide, in Wiesen und im Stall beim Vieh übers ganze Jahr geregelt:

Hafer, Gerste säh an Benedikti (21. März),
Linsen an Philipe, Jakobi (1. Mai).

Lein sähen am Sophientag (15. Mai),
er trefflich wachsen mag,
sät man in am Vormittag.
Doch gesät am Nachmittag,
gibt er nur sehr wenig Ertrag.

Säe Hanf und Flachs an Urbani (25. Mai).

Bau an Haowan o an Petronell (31. Mai),
na wachst er stark und schnoi.

Kraut, Erbsen an Gregori (15. Juni),
Wicken, Rüben an Kiliani (8. Juli).

Jakobi (25. Juli) nimmt alle Not,
bringt Erdäbfe und Brot.

Grab Rüben an Ketten-Petri (1. August).

Säe Korn an Aegedi (1. September).

Tritt Matthäus (21. September) ein,
muss die Aussaat fertig sein.

Bleib in Stube an Kalixti (14. Oktober).

Schneid Kraut an Simonis Juda (28.Oktober).

Iss Gans an Martini (11. November).

Heiz warm an Geburt Christi (25. Dezember).

Iss Lamm an Okuli (dritter Fastensonntag).

Trink Wein per circulum anni (das ganze Jahr über).

Viele Bauern und Gärtner glauben an den Einfluss und die Kraft des Mondes in seinen verschiedenen Stellungen, planen und verrichten ihre Arbeiten in Wald, Feld und Gärten demgemäß und schwören darauf.

Für den Holzeinschlag im Winter gelten auch heute noch besonders strenge Regeln. Bauholz z.B. soll man nur zwischen Mitte November und Mitte Februar, aber auch nur bei abnehmendem Mond einschlagen; danach einige Zeit im Wald ruhen lassen, damit sich das Holz entspannen kann, bevor es im Sägewerk geschnitten wird.

Bauern, Jäger und Fischer können auch aus dem Verhalten der Tiere oft das Wetter besser bestimmen als die Wettervorhersage. So gelten Vögel, Bienen, Mücken, Spinnen und Frösche als besonders zuverlässige Wetteranzeiger.

Schönes Wetter ist angesagt, wenn die Schwalben hoch fliegen und die Lerchen in den Lüften singen; wenn sie aber niedrig fliegen, Spatzen und Hennen im Sand baden, der Pfau nachts oft schreit, dann wird es bald regnen.

Wenn die Wachteln fleißig schlagen,
tun sie von Regen sagen.

Fliegen die Bienen bis spätabends zum Honigsammeln, kündigen sie schönes Wetter an, verlassen sie frühmorgens den Stock und kehren sie bald zurück, soll es demnächst regnen. Wenn Hängespinnen fleißig arbeiten und Fäden und Netze weben, bleibt das Wetter schön. Wenn die Frösche in Sümpfen bis spätabends quaken, bleibt es warm und trocken, wenn aber Wasserfrösche knarren, braucht man nicht lange auf Regen warten.

Wenn de Baam im Jaohr zwoamoi bliahn,
werd se da Winta ganz lang / bis an Mai nausziang.

Hängt as Laub a no in November nei,
na werds a langa Winter sei.

Diese Wetterregeln gelten überall. Solche Naturverbundenheit fehlt aber heute sogar manchen Bauern und sie verlassen sich auch lieber auf die Wettervorhersage aus Fernsehen und Radio und auf die Empfehlungen der Landwirtschaftsämter.

Karwoche und österliches Brauchtum

Der Osterfestkreis von Aschermittwoch bis Pfingsten hat kein unveränderliches Datum. Jedes Jahr fällt der Zeitraum ein wenig anders. Sicher ist: Die Karwoche dauert vom Palmsonntag bis zum Osterfest. Wir Christen gedenken der Leiden Christi und dem Erlösungswerk.

Der Ostersonntag wird stets am ersten Sonntag nach dem Frühlingsvollmond gefeiert. Das ergibt also einen Zeitkorridor von 34 Tagen. Der früheste mögliche Termin ist der 22. März.

Der Name „Ostern" kommt trotz aller Ähnlichkeit wahrscheinlich nicht von der germanischen Frühlingsgöttin „Ostara", sondern von einem indogermanischen Wort, das „Morgenröte" bedeutet.

Das österliche Brauchtum ist wie kein anderes eingebettet in Glaube und Aberglaube. Ein Sprichwort sagt: „Einen alten Brauch soll man ehren." Was lebt davon noch? Was ist schon verloren gegangen?

Palmsonntag

Der Palmsonntag läutet nach altem Volksbrauch das Ende der Fastenzeit und den Beginn der Karwoche ein („Kar" bedeutet: Kummer, Trauer).

Schon am Sonntag zuvor werden der Palmbuschen und andere Palmgebinde schön und kunstvoll gebunden. Im Orient hat man beim Einzug bedeutender Persönlichkeiten in die jeweilige Stadt den Weg mit Palmwedel bereitet – so hat man auch Jesus in Jerusalem empfangen. Weil hier in Bayern keine tropischen Palmen wachsen, müssen eben Sumpfweiden ihre Zweige mit den silbrigen Palmkatzerln hergeben, weil sie in dieser Zeit gerade so schön sind und reichlich wachsen.

Den Palmbuschen und die mit Bändern und Buchszweigen geschmückten Palmgebinde lässt man in der Kirche weihen. Letztere werden im Hergottswinkel und im Stall aufgesteckt, damit „kein Blitz net einschlagt" und Mensch und Tier vor Krankheit bewahrt sind. Der „Buschen" wird bis Ostern auf den Gartenzaun gesteckt.

Wer am Palmsonntag als letzter der Familie aufsteht, ist der „Palmesel". Mindestens seit Bischof Ulrichs Zeit wurde vor dem Gottesdienst ein echter oder hölzener Palmesel um die Kirche gezogen. Die bayerischen Kurfürsten und die Bischöfe haben dies ab dem Ende des 18. Jahrhunderts verboten. Gar manch hölzerner Palmeseln hat aber in Klöstern und auf Dachböden überlebt und tut nun wieder seinen Dienst wie zum Beispiel in Scheyern, Kühbach oder Schrobenhausen. Weitum berühmt ist der Palmesel aus der Wehrkirche von Kößlarn in Niederbayern.

Gründonnerstag

Der nächste markante Tag der Karwoche ist der Gründonnerstag, auch „Speispfintzda" genannt. Für den Namen des Tags gibt es verschiedene Erklärungen. Vermutlich kommt er nicht von der Farbe Grün, sondern von „greinen", also weinen. Das Kirchenvolk nimmt den Begriff einfach als Mahnung, statt Fleisch etwas Frisches, Grünes zu essen. Schon früher kam traditionell die „Kräutlsuppe" aus den ersten Frühlingskräutern auf den Tisch. Heute tut's auch eine Kerbelsuppe, Kresse oder Eier mit Spinat. Fest glaubt man jedenfalls: Wenn die Hausfrau am Gründonnerstag etwas Grünes auftischt, bleibt die Familie das ganze Jahr hindurch gesund. Außerdem muss heute der österliche Hausputz beendet sein.

Viele Pfarrer wählen aus der Gemeinde bis zu zwölf Männer reiferen Alters aus, um ihnen aus Demut die Füße zu waschen.

Selbst die bayerischen Könige nahmen alljährlich die Gründonnerstags-Fußwaschung an zwölf alten Männern aus ganz Bayern vor. Im 16. Jahrhundert soll erstmals ein deutscher Kaiser diesen Dienst an einigen seiner Untertanen verrichtet haben.

Vom 11. bis zum Ende des 18. Jahrhunderts fanden in vielen Orten Bayerns „Comödien vom Leiden Christi", also „Passionsspiele", statt, bis kurfürstliche Anordnungen diesen Spielen ein Ende setzten. Auch in Schrobenhausen sind in der Zeit von 1561 bis 1781 viele solcher Aufführungen in den „Ratsbüchern" erwähnt. Die Bevölkerung strömte zu Tausenden aus Stadt und Umgebung zum Spiel am Schrannenplatz vor dem Rathaus.

Der Gründonnerstag und der Karfreitag waren die Spieltage. Die Texte mussten vom Stadtmagistrat vorher genehmigt werden. Um 1780 wurde der Stadtorganist Josef Lachner vom Bürgermeister gerügt, weil er zur Volksbelustigung recht derbe Szenen eingefügt hatte. Die Spielleitung lag allgemein in den Händen der Lehrer der deutschen und der lateinischen Schule, die damit ihre Einkünfte etwas aufbesserten.

Nachdem das Verbot durch den Bischof auch in Schrobenhausen durchgesetzt worden war, hat man die Passion nur noch in stummen Bildern dargestellt. Mangels Zuspruch ist dies aber bald ebenfalls eingeschlafen. Vor allem Brauer, Bäcker und Metzger beklagten nach dem kurfürstlichen Verbot allerorten starke Umsatzverluste.

Die Kirche gedenkt am Gründonnerstag auch des letzten Abendmahls, als Jesus Christus das Altarsakrament einsetzte. Er brach das Brot und sagte: „Dies ist mein Leib, der für euch hingegeben wird", segnete den Wein mit den Worten: „Dies ist mein Blut, das für euch vergossen wird" und beauftragte alle, die an ihn glauben: „Tut dies zu meinem Andenken".

Die Einsetzung des letzten Abendmahls wäre eigentlich Grund genug für einen Feiertag. Wegen der Trauer während der Karwoche, die dem freudig-feierlichen Gedenken entgegensteht, hat man schon vor Jahrhunderten den Fronleichnamstag dafür eingeführt.

Wie der in Gütersberg bei Strobenried geborene Pfarrer und Geistliche Rat Steger erzählte, gingen die Eheleute am Mittwoch vorher zur Beichte und am Gründonnerstag dann gemeinsam zur Heiligen Kommunion. Danach führten die Bauern ihre Bäuerinnen zum Wirt, wo schon Bier und eine Brotzeit auf sie warteten. Vielleicht auch das ein Andenken an das Abend- und Liebesmahl.

Nach dem Gloria im Gründonnerstagsgottesdienst verstummen die Orgel und die Glocken. Der Legende nach fliegen die Glocken jetzt nach Rom und kommen erst in der Auferstehungsfeier zum Gloria zurück. Bis dahin übernehmen die Ministranten mit den „Karfreitags-Ratschen" begeistert deren Aufgaben und machen Lärm.

Nach der Messe werden bis zur Auferstehungsfeier der Blumenschmuck und die Kerzen vom Altar weggeräumt.

Heilige Gräber am Karfreitag

Am Karfreitag gedenkt die Christenheit der Kreuzigung Jesu. Am Kreuz leidet Jesus mit seiner Schöpfung. Das Kreuz ist für uns Christen aber auch Erlösung und Heil.

Am Karfreitag gab es in Bayern wohl schon mindestens seit dem 10. Jahrhundert sogenannte „Heilige Gräber". Im 16. Jahrhundert etwa begann man damit, am Heiligen Grab auch das Allerheiligste zur Ewigen Anbetung auszusetzen. Auch ein Kreuz, das vor dem Heiligen Grab lag, wurde von allen Besuchern geküsst; das nannte man „Himmivaddaschmatzen". Seit dieser Zeit finden sich auch aus Schrobenhausen Berichte über Zahlungen für die Ergänzung und Ausgestaltung eines Heiligen Grabs. Alle Schrobenhausener Kirchen bauten regelmäßig ein solches auf.

Ebenso finden sich Berichte von Karfreitagsprozessionen von der Pfarrkirche St. Jakob hinaus zur Vorstadtkirche St. Salvator. Seit 1845 gibt es in Schrobenhausen den Kreuzweg auf den Geyersberg, der seitdem Kalvarienberg heißt: Er besteht aus 14 steinernen Säulen mit den Leidensstationen Christi, einer Andachts- und Grabkapelle und oben dem Christuskreuz. Idyllisch gelegen, wurde er noch bis in die Nachkriegsjahre, vor allem natürlich in der Karwoche, stark besucht und betend begangen. Es wäre bestimmt keine schlechte Idee, in einer ruhigen Stunde in der Karwoche wieder einmal einen Kreuzweg zu besuchen und dadurch zur Ruhe und zu sich selbst zu finden.

Auf dem Kalvarienberg in Pobenhausen befindet sich seit 1865 ganzjährig ein Heiliges Grab, das dem von Jerusalem nachempfunden ist. Der Eingang ist sehr niedrig und nur in demütig gebückter Haltung zu durchschreiten.

Aufgrund der Liturgiereform hat man leider in den meisten Kirchen zumindest zeitweise auf die Aufstellung des Heiligen Grabs verzichtet und die alten Aufbauten mit ihren magischen, wassergefüllten, bunten Glaskugeln und den brennenden Öllämpchen dahinter vernichtet. Einfache Arten von Heiligen Gräbern sind inzwischen weitgehend wieder üblich, die oft großartigen alten Aufbauten aber sind heute schon recht selten.

Karsamstag

Der Karsamstag begann einst schon früh mit der Feuer- und Taufwasserweihe. Auf dem Kirchenvorplatz schlug der Pfarrer dazu mit zwei Feuersteinen und etwas Zündwolle eine Flamme, mit der er ein Holzfeuer entzündete, das er anschließend weihte. Die Buben hatten jeder ein grobes Stück Holz mitgebracht, das an einer Art Hundekette befestigt war, und legten es in die Glut. Während in der Kirche das Wasser geweiht wurde, brannte das Holz an und begann, ebenfalls zu glühen. Nach der Wasserweihe holte jeder Bub sein Stück Holz aus der Glut. Auch Baumschwämme hat man dafür verwendet. Auf dem Heimweg musste das Scheit immer wieder geschwungen werden, damit die Glut nicht ausging.

Daheim wurde dann damit im kalten Herd das Feuer entzündet. Danach wurde das Scheit gelöscht, in Späne zerlegt und daraus mit Palmzweigen vom Palmbuschen viele kleine Kreuzchen gebastelt. Diese Kreuzchen verteilte man erst an bestimmten Stellen eines Bauernhofes. Aber auch am Ostersonntag, nach dem Mittagessen, hat die Bauernfamilie in jedem ihrer Felder ein Kreuzchen in drei Ecken gesteckt, mit Bröseln von den österlich übriggebliebenen Eierschalen bestreut und zur Felderweihe mit ein paar Tropfen vom Taufwasser aus der Kirche, das die Mädchen heimgeholt hatten, begossen. Eine Ecke eines jeden Felds blieb frei, damit das Schlimme (die Drud/der Teufel) das Feld verlassen konnte. Die beim Zerspanen abgefallene Holzkohle wurde sorgsam gesammelt, zerkleinert und dem Vieh unters Futter gemischt.

Im Schrobenhausener Land verbrennen die Burschen in der Nacht vom Karsamstag auf den Ostersonntag statt eines Sonnwendfeuers den Jaudus.

Die Nacht von Karsamstag auf Ostersonntag, die „Rumpelnacht" mit der „Pumpermette", gilt heute als „Freinacht", dabei sollte sie eigentlich an das Gewitter und das Erdbeben beim Sterben Jesu Christi erinnern. Der Lärm dieses Bebens wurde ursprünglich in der Kirche mit den lose stehenden Stühlen nachgemacht. Als auch das dort verboten wurde, hat man es ins Freie verlegt. Davon wissen die Jugendlichen heute wohl nichts mehr; sie hängen in dieser Nacht Gartentore aus, verriegeln Türen oder „verziehen" alles, was nicht niet- und nagelfest, angeschraubt, angebunden, angekettet oder eingemauert ist. Solange nichts beschädigt und alles wieder aufgefunden wird, kann man das ja augenzwinkernd in Kauf nehmen, mit dem ursprünglichen „Rumpeln" und „Pumpern" (Lärmen) hat es aber nichts mehr zu tun.

Ostern

Ostern beginnt eigentlich am Karsamstag mit dem Herrichten des Korbes für die Speisenweihe. Das „G'weicht" besteht mindestens aus einem Stück „Geräuchertem", aus „Kren", „rote Oar", „Salz", einem „Osterfladen" oder auch einem „Zopf" mit viel süßen Weinberln; dazu für jeden Hausgenossen und für die Kinder noch ein gebackenes und überzuckertes „Osterlamperl" mit Fahne und zuletzt eine Osterkerze. Das alles kam in einen mit Leinen ausgelegten Henkelkorb. Nach der Lichterweihe, dem „Lumen Christi" und der Auferstehungsfeier findet die Speisenweihe statt.

Übrigens: Im katholischen Altbayern war nicht der Osterhase für die Ostereier zuständig, sondern der Gockel, wie es sich für eine bäuerliche Gegend gehört. Er trug die Verantwortung für das mehr oder weniger fleißige Ostereierlegen seiner Hennen.

Zum „Osterlamperl": Johannes hat Jesus Christus bei seiner Taufe als „Lamm Gottes" bezeichnet. Es ist außerdem ein apokalyptisches Motiv (Offb. 5, 12–13)

Von den Hausgenossen bekam jeder eine bestimmte Anzahl von rot gefärbten Eiern, welche von den Mädchen meist an ihren bevorzugten Verehrer weitergegeben wurde. Trotz des ausführlichen Frühstücks mit dem „G'weichten" wurde auch mittags ein Festessen mit Braten und Knödeln aufgetischt, bevor die Familie zum Felderrundgang aufbrach. Am Nachmittag waren dann oft die Kinder von Verwandten und Bekannten zum Ostereiersuchen eingeladen.

Im Paartal gab es früher auch Osterumritte zur Felderweihe. In Berg im Gau wurde der Osterritt vor 200 Jahren für „Ewige Zeiten" abgeschafft, weil sich die Bauern nicht den Vorstellungen des Pfarrers beugen wollten.

Das Osterei

Das Ei ist einmal schon wegen seiner Form ein Handschmeichler, dazu natürlich ein Lebensmittel, aber es kann auch Leben daraus entstehen und deshalb ist es ein Symbol für die Auferstehung Christi. In fast allen Religionen und Kulturen rund um den Erdball kommt das Ei in den Frühlingsriten und Schöpfungsmythen vor – als eben jenes Symbol für Fruchtbarkeit und Leben.

Das Ei ist das Zeichen des Osterfestes und der Auferstehung. Seine feste Schale ist hart und kalt wie das verschlossene Grab. Wie das ausschlüpfende Küken die Kalkhülle, so sprengt der auferstehende Christus seine Grabeskammer. Deshalb und „dass die

Weih'hinein kann", hat man früher die Eier angepickt, bevor man sie zur Weihe in die Kirche getragen hat.

Seit dem 12. Jahrhundert wurde in der Ostermesse um die Segnung der Speisen und Eier gebeten. Für Deutschland werden erstmals im 13. Jahrhundert rot gefärbte Eier erwähnt. Das wörtliche „Osterei" kannte man seit 1615.

Weil sich die Eischale leicht färben lässt und die meisten Menschen rot lieben, hat man schon früh die Eier mit dem Saft Roter Rüben, dem von Preißelbeeren und von Karotten gefärbt. Rot war zudem das Symbol des Blutes Jesu und die Farbe der Liebe. Zum Verschenken nahm man grundsätzlich rote Eier.

Die Burschen gingen an Ostern zu den Mädchen ans Fenster und bekamen dort je nach Sympathie mehr oder weniger rote Eier.

Bald hat man die Eier mit Segenswünschen bemalt und immer reicher verziert. Man hat sich auch nicht mehr mit Hühnereiern begnügt. Dauerhafter, kunstvoller und kostbarer mussten sie sein. Im Vordergrund stand dabei immer der Schmuck und das Geschenk.

Zum Osterfrühstück bekommt meist auch heute noch jedes Familienmitglied ein geweihtes Ei und Salz, das für Christus als das Salz der Erde steht, damit man den eigentlichen Sinn des Osterfestes nicht aus den Augen verliert. Zum Osternest kommt heute meist auch noch der Osterbaum dazu.

Südlich der Donau war das „Oardetschen" oder „Oarpecka" ein beliebtes Spiel. Dabei schlugen die Kontrahenten die Spitzen ihrer Eier aufeinander. Wenn ein Ei dies unbeschädigt überstand, bekam dessen Besitzer auch das „Angedetschte".

Ostermontag

Um die große Osterfreude auch in der Kirche auszudrücken, war es im Mittelalter üblich, dass der Pfarrer am Ostermontag ein Ostermärchen erzählte. Eine solche Kanzelansprache von 1399 ist dokumentiert:

„Nun liebe Leutlein muss ich mich nach der Gewohnheit
richten und euch zur Lust ein Ostermärchen erzählen. Da mir aber
nicht sogleich eins einfallen will, so beachtet dies:
Welcher Mann Herr über seine Frau ist, der hebe jetzt
beide Arme hoch und rufe 'Juchuh'."
Da sich nichts regte, streckte der Pfarrer seine Arme
in die Höhe und rief: „Juchuh!"
Ein allgemeines Gelächter erschall und man
ging vergnügt nach Hause.

Beim Ostergelächter sollte in erster Linie über den Tod gelacht werden. So erzählte der Pfarrer von Singenbach Albert Kagerer 1720 seinen Schäflein eine gruselige Geschichte vom faulen Handwerksburschen, der sich bei hundsmiserablem Regenwetter am steilen Salzberg zwischen Aresing und Gerolsbach heimlich auf ein Gäuwagerl schwang, ohne dass es der dösende Bauer bemerkte, sich in den schützenden Sarg legte, den der traurige Landwirt in der Stadt für seinen verstorbenen Halbbruder gekauft hatte, und den Sargdeckel erst wieder lupfte, als das Ross daheim auf dem Hof stehen blieb. Nun sagte er freundlich „Grüß Gott" und damit hat er den nichts ahnenden Bauern so erschreckt, dass der schnurstracks Reißaus nahm. Ostergelächter! Danach die fromme Lehre: „Wartet gefälligst mit der Auferstehung bis ihr tot seid! Der Weltenrichter sagt euch dann schon, ob ihr im Fegefeuer hoffen dürft oder in der Hölle braten müsst! Amen."

Einer der berühmtesten bayerischen Landpfarrer aus der barocken Zeit war der Pfarrer von Taxa bei Odelzhausen, Abraham a Santa Clara, der für seine deftigen Predigten, auch samt Ostergelächter, noch heute berühmt ist.

1774 hat das bischöfliche Ordinariat in Augsburg die Ostermärlein und das Ostergelächter sowie auch das Passionsspielen und dazu viele Prozessionen „bei Vermeidung schärfster unausweichlicher Bestrafung" untersagt und diesen allen ein Ende gemacht. Doch in Klöstern, die nicht den Bischöfen unterstanden, wurde manches länger erhalten. Im Allgäu, so hat mir ein Kaplan versichert, kennt man diesen Brauch des Ostergelächers noch heute.

Das Emmaus-Gehen hat im Osterspaziergang viele Jahre überlebt. Neuerdings wird in manchen Gemeinden und Regionen dieser alte Brauch wieder neu gestartet. In den letzten Jahren hat die Schrobenhausener Kolpingfamilie den Emmausgang neu belebt und seit einiger Zeit veranstaltet auch die Katholische Landvolkbewegung (KLB) des Dekanats Pfaffenhofen am Ostermontag für Alt und Jung, für Groß und Klein eine abwechslungsreiche, unterhaltliche, gemütliche Familienwallfahrt als sogenannten Emmausgang zur Oase Steinerskirchen (Markt Hohenwart). Die Wallfahrer kommen nicht nur aus dem Dekanat Pfaffenhofen, sondern auch aus Ingolstadt und dem Landkreis Neuburg-Schrobenhausen zu den Sammelstellen Deimhausen und Freinhausen; bestimmt ein frohes österliches Brauchtum und ein schöner Abschluss des Osterfestes.

Leben in Bayern: Wettersegen

Zur Unterstützung der bäuerlichen Anstrengungen für das Wachstum der Feldfrüchte und für eine gute Ernte bittet man den Herrgott nicht nur um Sonne, wie die Städter, sondern auch um rechtzeitigen Regen und um Verschonung vor Unwetter, kurz: um seinen Segen für Felder, Gärten und Wälder.

In der Zeit zwischen dem Fest des heiligen Markus (25. April) bis zum Fest Kreuzerhöhung (14. September) wird auch heute noch für das Gedeihen der Feldfrüchte gebetet:

Pfarrer: Gott, der allmächtige Vater, segne euch und schenke euch gedeihliches Wetter; er halte Blitz, Hagel und jedes Unheil von euch fern.
Alle: Amen.
Pf.: Er segne die Felder, die Gärten und den Wald und schenke euch die Früchte der Erde.

A.: Amen.

Pf.: Er begleite eure Arbeit, damit ihr in Dankbarkeit und Freude gebrauchet, was durch die Kräfte der Natur und die Mühe der Menschen gewachsen ist.

A.: Amen.

(Abschließend beim Segen mit dem Kreuzpartikel:)

Pf.: Und der Segen des allmächtigen Gottes, des Vaters und des Sohnes und des Heiligen Geistes komme über euch und unser Land, über eure Arbeit und die Früchte der Erde und bleibe bei uns allezeit.

A.: Amen.

Einen Kreuzpartikel verwendet man meist wohl wegen des Passionsberichts im Matthäusevangelium: „Von der sechsten Stunde an ward eine Finsternis über das ganze Land und die Erde erbebte." Die Kirchenväter sagten schon „Das Kreuz steht, auch wenn der Erdkreis schwankt".

Wettersegen aus einem älteren Gebetbuch:

Pf.: Lasset uns beten: Allmächtiger Gott, Schöpfer der Welt und Herr des Lebens! Alles steht in deiner Macht. Du bist unser Vater und weißt, was wir zum Leben brauchen. Gib den Früchten der Erde Wachstum und Gedeihen. Beschütze unsere Felder, unsere Gärten und Fluren, unsere Wälder und Weinberge vor Unwetter, Hagelschlag und Verwüstung. Vor verderblichem Regen und schädlicher Dürre. Segne das Werk unserer Hände und unseres Geistes, unserer Arbeit auf Feld und Flur, in Familie und Beruf.

Wir vertrauen auf deine Hilfe. Sei uns nahe und stehe uns bei, in Christus, unserem Herrn.

A.: Amen.

Pf.: Gesegnet sei eure Arbeit und ihre Frucht bleibe euch erhalten. Die Sorge soll euch nicht quälen. Euer Herz gedenke allezeit der Schätze, welche bleiben zum ewigen Leben.

A.: Amen.

Pf.: Und der Segen des allmächtigen Gottes, des Vaters und des Sohnes und des Heiligen Geistes komme über euch, über eure Arbeit und die Früchte der Erde und bleibe bei euch allezeit.
A.: Amen.

Weißer Sonntag

Eine Woche nach Ostern wird der Weiße Sonntag gefeiert. Die Bezeichnung reicht bis in das Frühchristentum zurück. Damals wurden die neuen Gläubigen in der Osternacht getauft und trugen ihr weißes Taufkleid bis zum folgenden Sonntag. An diese Kleidersitte erinnern immer noch die weißen Kleider der Mädchen bei der Erstkommunion.

Früher fand die Erstkommunion grundsätzlich am Weißen Sonntag statt. Wegen der häufig schlechten Witterung kurz nach Ostern wird sie jetzt meist in den Mai verlegt, damit die Kinder beim Einzug in die Kirche nicht mehr frierend und durchnässt ankommen. Zudem hat der spätere Zeitpunkt den Vorteil, dass die Vorbereitungen nicht mehr während der Osterferien stattfinden müssen.

Walpurgisnacht und Freinacht

Längst glaubt niemand mehr wirklich daran, dass in der Nacht zum 1. Mai, in der sogenannten „Walpurgisnacht", die Hexen und Druden ihr Unwesen treiben. Früher aber ließ der weit verbreitete Aberglaube so manchen Menschen vor ihnen zittern. In dieser Nacht wurden deshalb auf Feldern und Hügeln die „Hexenfeuer" entzündet.

Zur Abwehr gegen die unheimlichen Gestalten streute man geweihtes Salz auf die Türschwelle. Auch verschiedene Pflanzenbüschel, Kräuter und Speisen sollten gegen das Verhexen, „Drücken", d.h. das Auslösen böser Träume durch eine Drude, und gegen den „bösen Blick" immun machen.

Selbst heute soll es noch Leute geben, die in dieser Nacht die Reisigbesen verkehrt herum an die Wand lehnen. Und an der einen oder anderen Stalltüre soll noch ein Drudenfuß ein wenig versteckt angebracht sein, frei nach dem Motto: „Huift's ned, so schadt's a ned."

Neuerdings feiern Gruppen von Frauen in der Walpurgisnacht unter dem neuen Motto „Wild und Weiblich" einen modernen, fröhlichen „Hexensabbat" in Parks oder am Waldrand.

Die heilige Walburga hat, obwohl sie ihren Namen dafür hergeben musste, übrigens wohl nichts mit dem Geschehen in dieser Nacht zu tun.

Die Nacht zum 1. Mai ist auch eine Zeit des Schabernacks. Früher hat man in dieser Nacht bei heimlichen Paaren die „Straah" gemacht, also eine Linie vom Haus des einen zum anderen gezogen. Auch den Mistwagen aufs Dach packen oder den Kamin verschließen usw. kamen immer wieder vor. Damit sollte, wie beim Haberfeldtreiben, moralisches Fehlverhalten durch mehr oder weniger humorvolle Streiche geahndet werden.

Alles, was die Burschen in jener Nacht taten, hatte also einen Grund. Der Unsinn, der heute nach dem Zufallsprinzip in dieser Nacht angestellt wird, hat dagegen meist mit den Leuten selbst nichts zu tun. Man tut es nur „aus Spaß an der Freid" und entschuldigt dies einfach damit, dass es so „der Brauch" ist.

Tag der Arbeit – 1. Mai

Ganz anders als auf dem Land feiert man in den Städten diesen Tag mit Versammlungen. Als Tag der Arbeit zählt der 1. Mai zu den gesetzlichen Feiertagen. Die großen Maikundgebungen haben jedoch mittlerweile viel an Zustrom verloren. Die Ursprünge dieses Tags gehen zurück auf den 1. Mai im Jahr 1886. Damals riefen die Gewerkschaften im amerikanischen Chicago zum Streik auf, um den 8-Stunden-Tag durchzusetzen. Bei Zusammenstößen mit der Polizei explodierte eine Bombe und zahlreiche Menschen starben bei diesen Protesten. Der Zweite Internationale Arbeitskongress ernannte den 1. Mai daraufhin zum Kampftag der Arbeiterbewegung.

Gesetzlicher Feiertag wurde er erst 1933, ausgerechnet unter Adolf Hitler als „Nationaler Tag der Arbeit".

Heute hat die Kirche das Fest „Josef der Arbeiter" an diesem Tag festgemacht.

Maibaum

Der Mai beginnt also mit einem Fest, egal, ob auf dem Lande oder in der Stadt. Sobald der 1. Mai anbricht, steigt Festfreude hoch. Vor allem südlich der Donau stellt fast jede Gemeinde einen Maibaum auf. In der oberpfälzischen Polizeiverordnung sind sie schon seit 1633 aktenkundig. Ein solcher Maibaum gehört heute zum Signum der oberbayerischen und niederbayerischen Landschaft. Er ist ein Sinnbild des dörflichen Selbstbewusstseins. Jeder will den höchsten und dekorativsten Baum. Hierzulande werden die Maibäume meist schraubenförmig weiß-blau bemalt und mit Handwerker- und Vereinszeichen auf Querstreben versehen. Auf einer zentralen Tafel wird oft noch ein Spruch oder Motto angebracht. Ganz oben an der Spitze hängt meist ein grüner Kranz und ein Gipfelbuschen.

Schon die antiken Völker hatten eine besondere Beziehung zu Bäumen, dass aber die Stange als germanisches Fruchtbarkeitssymbol Vorbild für den Maibaum sein soll, halte ich eher für unwahrscheinlich.

Maibäume mit Figuren, wie wir sie kennen, lassen sich erst seit dem 18. Jahrhundert nachweisen. Besonders seit dem Ende des 19. Jahrhunderts, nachdem Bayern Königreich geworden war und sich politische Gemeinden gebildet hatten, fanden sie weite Verbreitung und symbolisierten das neuerwachte bayerische Nationalgefühl.

Gestiftet wird der Maibaum meist von der Gemeinde, dem örtlichen Wirt oder einem Waldbesitzer. Wesentliche Voraussetzung für das Aufstellen ist eine gute Portion Gemeinschaftssinn. Federführend ist meist ein Verein, doch müssen schon sehr viele kräftige Burschen und Männer zusammenhelfen, wenn das Prachtstück ohne Beschädigung aus dem Wald geholt werden soll. Dann machen sich kreative Leute an die Arbeit, um das gute Stück in vielen Stunden Arbeit herzurichten und zu schmücken.

Am 1. Mai kommt dann die Hauptarbeit: das Aufstellen. Dazu werden alle kräftigen Männerhände des Ortes gebraucht, wenn der Baum nach altem Brauch mit zusammengebundenen Stangen (sogenannten „Schwaibeln") aufgerichtet wird. Der wichtigste Mann ist nun der Kommandogeber, der mit seiner Erfahrung die Kräfte aller Männer koordiniert, damit das lange „Stangerl" Stück für Stück in die senkrechte Lage kommt. Teils spart man sich heute den ganzen Kraftakt und überlässt die Hauptarbeit einem Kran.

Mit Bier und einem Volkstanz-Programm rund um den Baum, eventuell auch mit einem Maikönigspaar, wird das Gemeinschaftswerk gefeiert. Abends trifft man sich zum Maitanz in der Wirtschaft.

Beliebt ist natürlich auch das Maibaumstehlen. Hier kann man mit etwas Mühe zu einem billigen Fest kommen, wenn der erfolgreich entwendete Maibaum von den Bestohlenen mit einigen Kästen Bier wieder ausgelöst werden muss. Wichtig sind vor allem findige Späher und ein sehr schnelles Kommunikationssystem sowie Transportmittel auf dem neuesten technischen Stand. Der Erfolg der Diebe basiert meist auf der technischen Überlegenheit, es ist oft ein Kampf Kran gegen Schwaibeln. Wie weit der Einsatz von Gewalt zu tolerieren ist, ist strittig.

Weil es ja ein sogenannter Brauch ist, wird dieser spezielle Diebstahl von der Justiz meist toleriert oder nur milde bestraft. Trotzdem steht bekanntlich hinter jedem Spaß auch ein wenig Ernst.

Marienmonat Mai

Maria, Schutzfrau von Bayern

Bayern steht seit alters her zur Gottesmutter Maria in einer besonders tiefen Beziehung. Davon zeugen allein schon vier Bischofskirchen in Südbayern – Unserer Lieben Frau zu München, St. Maria und St. Korbinian in Freising, Maria Heimsuchung in Augsburg und St. Salvator, Unsere Liebe Frau und St. Willibald in Eichstätt –, aber auch viele große und kleine Marienwallfahrten und unzählige Marienkirchen und -kapellen.

Jesus selbst hat uns unter den Schutz seiner Mutter gestellt, als er vom Kreuz herab zu Johannes sprach: „Sohn, siehe da deine Mutter" und zu Maria: „Mutter, siehe da deinen Sohn".

Der Mai steht in Bayern ganz im Zeichen Marias. Die Mutter Jesu wird seit Langem als die Maienkönigin besungen. Die Marienverehrung hat eine sehr lange Tradition und so ist es ganz natürlich, dass das Fest „Maria-Patrona-Bavariae" am 1. Mai im Kalender steht.

Kurfürst Maximilian I. von Bayern war es, der 1616 an seiner neuen Residenz in München ein Marienstandbild anbringen ließ. Die Statue steht auf einer Mondsichel, hält in der einen Hand das Zepter der Himmelskönigin, auf dem anderen Arm trägt sie das Jesuskind. Ihren Sockel ziert die Inschrift „Patrona Bavariae". Wie schon seine Vorfahren war auch der Kurfürst ein großer Marienverehrer. Nach Krieg, Hunger und Pest empfahl er ganz Bayern dem Schutz der Gottesmutter und ließ noch während der Auseinandersetzungen des Dreißigjährigen Kriegs 1638 vor dem Münchner Rathaus die Mariensäule errichten. Alle Entfernungen des Landes wurden und werden immer noch von dieser Säule aus gemessen.

Seit dem Kurfürsten Maximilian I., ließen alle bayerischen Herrscher aus dem Hause Wittelsbach ihr Herz in der Gnadenkapelle zu Altötting beisetzen. Der letzte bayerische König Ludwig III. erbat von Papst Benedikt XV. 1916 die Erlaubnis zur Einführung des Fests

„Maria Patrona Bavariae", „Maria Schutzfrau Bayerns"; 1917 wurde es erstmals gefeiert. Im Festgottesdienst wurde an der Mariensäule folgender berühmter Vers als Überleitung aufgenommen:

Rem regem regimen regionem religionem /
conserva Bavaris, Virgo Patrona, tuis!
(Die Sach' und den Herrn, die Ordnung, das Land und die Religion / erhalte
deinen Bayern, Jungfrau Maria!)

Auch im republikanischen Freistaat hat man an dem Fest festgehalten.

Gebet an der Münchner Mariensäule von Jakob Balde (1604–1668), Jesuit, Professor in Ingolstadt, Hofprediger in München und Neuburg an der Donau:

O Mutter, die du selig bist,
weil du gebarst als völlig Reine
den, der unendlich größer ist:
O komm herab zu uns, erscheine
hier, wo empor die Säule strebt
und hoch ein Bild zum Himmel hebt.
Dem Volke gnädig immer sei,
in seiner Mitte bleib zugegen:
Du siehst, es wandelt hier vorbei,
zahlreich auf seinen Erdenwegen.
O Strahlende, umflossen ganz
Gold und von des Himmels Glanz.

Schon seit Kurfürst Maximilian singt man das Lied:

O himmlische Frau Königin,
der ganzen Welt ein' Herrscherin!
Maria, bitt für uns!
Du Herzogin von Bayern bist,

das Bayernland dein Eigen ist.
Das ganze Bayernland ist dein.
O lass es dir befohlen sein!
Maria, bitt für uns!
Wir bitten dich all, groß und klein,
du wolltest uns're Schutzfrau sein.
Darum, liebreiche Mutter,
reich uns dein' milde Hand,
halt deinen Mantel ausgespannt
und schütze unser Bayernland!

Der Wonnemonat Mai

Heute wird der Mai gern als Wonnemonat bezeichnet, weil in der Natur die Säfte steigen und alles, was da wächst, sich zusehends mit Blättern, Blüten und Blumen schmückt. Die Vegetation steht in voller Kraft und der Frühling zeigt sich jetzt in seiner ganzen Schönheit. Den Namen „Mai" entlieh man dazu von der römischen Frühlingsgöttin Maja.

Zur Zeit Karls des Großen war er noch schlicht der „Weidemonat". Ab Mai trieb man das Vieh wieder auf die Weide.

Das Wetter ist jetzt oft mehr schlecht als wonnig und hat seinen guten Ruf eigentlich gar nicht verdient:

Der Mai, zum Wonnemonat erkoren,
hat den Reif noch hinter den Ohren.

Der „Maibock" wärmt wohl von innen, wenn die Temperaturen noch nicht so fürs Wohlbefinden sorgen.

Der Minnesänger Walther von der Vogelweide jubelte im mittelhochdeutschen (hier in Übersetzung gegebenen) Gedicht:

Könnt ihr schauen, was des Maien
Wunders all belebt?
Seht die Pfaffen, seht die Laien,

wie das alles lebt!
Groß ist sein' Gewalt,
alles wird durch ihn vollbracht;
wo er schwebt in seiner Pracht,
da ist niemand alt.
Frohsinn herrscht in allen Dingen,
fröhlich lasst uns sein,
lasst uns lachen, tanzen, singen,
anstandsvoll und froh.
Wenn die Vöglein also schöne
spenden ihre besten Töne?
Tun wir auch also.

Leben in Bayern: Pilgerreisen und Wallfahrten

Eine Pilger- oder Wallfahrt ist eine Reise oder ein Fußmarsch zu einem Ort oder einem Gegenstand, der als heilig gilt.

Pilgerreisen sind keine christliche Erfindung. Von vorchristlichen Pilger- und Kultstätten, Labyrinthen und heiligen Orten sind uns viele heute noch bekannt. Auch früher kannte man schon Prozessionen und Labyrinth-Tänze.

Heute macht man sich meist aus religiösen Gründen auf den Weg, die über das Bedürfnis nach dem täglichen Gebet hinausgehen. Auch ein kurzer Weg kann also schon eine Wallfahrt sein. Auf einer langen Pilgerreise kann schon der Weg das Ziel sein, um zu sich selber zu finden; man denkt in der relativen Einsamkeit, in der Konzentration auf die Straße oder den Pfad über Gott, sein eigenes Leben und Gottes Natur nach. Auf einer Wallfahrt misst man seine Schritte meist im Rhythmus einer Litanei oder des Rosenkranzes. Die Hauptsache ist es, für sein persönliches Anliegen eine Anlaufstelle zu sehen, auf die man sich zubewegt, damit man mit seinen Sorgen und Nöten wieder ins Reine kommt.

Wenn man so will, waren die Heiligen Drei Könige die ersten christlichen Pilger. Von den frühen christlichen Wallfahrern und Pilgern ist uns vor allem die heilige Helena (römische Kaiserin, gestorben 328 n. Chr.) überliefert. Auch die Kreuzritter auf ihren Heerzügen verstanden sich als Pilger auf Fahrt ins Heilige Land.

Die Gläubigen pilgern von jeher also zuversichtlich zu manchen Orten, wo sie hoffen, dem Herrgott, der Muttergottes oder anderen Heiligen näher zu sein und im Gebet mehr Gehör und Fürsprache in allen ihren Sorgen und Nöten zu finden, als anderswo, aber auch, weil sie erwarten, dass der Herrgott den guten Willen und die Strapazen und Anstrengungen der Reise als Buße für Verfehlungen anerkennt. Nicht zuletzt kann eine Wallfahrt auch Ausdruck von Dankbarkeit gegenüber der schützenden Hand Gottes sein.

„In Godds Nama geng mas o"

„In Gotts Nama pack mas o", sagten unsere Eltern, wenn sie etwas Neues begannen, oder auch „In Gotts Nama geng mas o", wenn sie sich zu einer Wallfahrt aufmachten. Was ins Hochdeutsche übersetzt heißt: „Im Namen des Vaters und des Sohnes und des Heiligen Geistes machen wir uns auf den Weg." Man begann also eine Wallfahrt und auch sonst vieles im Leben mit einem Stoßgebet.

Vor allem seit dem Mittelalter reisten viele als Pilger unter primitivsten Voraussetzungen über unendlich weite Strecken quer durch Europa und den Vorderen Orient zu Pilgerorten – für uns heute unvorstellbar. Sie reisten allein und in kleineren Gruppen oder auch in langen Zügen von Tausenden von Menschen. Die Strecke legten sie zwischen anderen Reisenden zu Fuß, zu Pferd, im Wagen, zwischen kleineren und größeren Viehtrieben, Fuhrwerken und Frachtwagen, aber auch Soldaten zurück, meist ohne je eine Landkarte gesehen zu haben geschweige denn einen Reiseführer, der aufzeigte, was unterwegs zu erwarten war. Überquerte man Landes- und Regionengrenzen, verstand man die Sprache der Leute unterwegs nicht mehr, und fand man einen Wegweiser, so hätte man ihn nicht lesen können. Die Kirche hatte schon früh den Reliquienkult erlaubt, sorgte für den

Ausbau der Pilgerziele und kümmerte sich um die nötige Infrastruktur, um die Pilgerwege. Im Hochmittelalter waren zeitweilig mehr als ein Viertel der arbeitsfähigen Männer auf Pilgerschaft – eine gigantische Massenbewegung. Zu ihrer eigenen Sicherheit, aber auch um sie unter Kontrolle zu halten, durften sie nur bestimmte Wege nutzen.

Einer dieser Pilgerwege mit dem Ziel Santiago de Compostela führte einst vom Balkan herauf, die Donau entlang bis Regensburg, Deggendorf oder Linz, dann durch den Sauwald nach Schärding oder Burghausen, ungefähr entlang des ungarischen „Ochsentriebes" weiter nach Freising und bis Schrobenhausen ins Paartal. Über Friedberg mündete der Weg zu Augsburg in die große Pilgerstraße über Maria Einsiedeln (Schweiz) nach Santiago. Entlang dieses Weges stehen im Abstand von etwa je einem Tagesmarsch Jakobskirchen oder Klöster und Herbergen, welche die Pilger aufnehmen, versorgen und geistlich betreuen.

Das Verlangen nach Vergebung der Sünden, das Einlösen eines Gelübdes, die Anordnung eines meist kirchlichen Gerichtes zur Buße, ganz persönliche religiöse Motive oder reine Abenteuerlust waren die treibenden Kräfte, die Menschen seit jeher per pedes über die gefährlichen Wege schickten oder lockten, ungeachtet aller Strapazen. Am Ziel wurde den mittelalterlichen Pilgern gegen Bezahlung eines Opfers der Erlass von Sünden oder die Erfüllung ihrer Strafen in Aussicht gestellt.

Um durch Pilgerströme Geld für ihre großartigen Bauvorhaben zu beschaffen und auch um ihre Macht zu legitimieren, suchten die Regenten, Kirchenfürsten, Klosteräbte und Edelmänner des Mittelalters Reliquien von Heiligen für ihre örtlichen Kirchen oder Kapellen. Diese beschaffte man sich, wenn es sein musste, auf abenteuerlichen Wegen.

Einige bayerische Wallfahrtsziele warten dennoch nicht mit weitum berühmten, wundervollen Reliquien auf und haben eine ganz andere Vorgeschichte. Um eine allzu lange Abwesenheit der Pilger, die zu Hause bei der Arbeit fehlten, ganz zu vermeiden oder abzukürzen, hat man im 18. Jahrhundert viele deutlich kleinere Wallfahrten mit meist ebenfalls wundertätigen Skulpturen oder Bildern eingerichtet, dazu zahlreiche Marienwallfahrten. Die Pfarrherren der Wallfahrtskirchen waren auch schon vor langer Zeit interessiert an einer gewissen Werbung für „ihre" Wallfahrt und legten dazu, weil sie ja schreibkundig waren, schon früh ein „Mirakelbuch", also ein Buch der Wundertaten, an, in dem sie „Gebetserhörungen, Gnadenerweise, Heilungen, Wunder und Guttaten" ihrer Heiligen dokumentierten.

Seit der Gegenreformation überwiegen die Bilder und Statuen von Christus oder einem bzw. einer Heiligen, die bei Anrufung auf Linderung, Besserung, Heilung von Krankheit, Schmerz und Not, auf Erfüllung eines Kinder- oder Heiratswunsches oder auf Abwendung von Gefahren und Fürsprache beim Erlass von Sündenstrafen hoffen lassen. Weite Wege muss man für diesen Kontakt nicht mehr zurücklegen.

In den Jahren nach dem Zweiten Weltkrieg habe ich selbst noch einige Male, schon vor dem Morgengrauen, einzelne dunkle Gestalten gesehen, die mit einem Kreuz auf der Schulter an unserem Haus vorbei in Richtung Maria Beiberg zogen. Damals war es vielen Männern ein Anliegen, für die glückliche Heimkehr aus dem Krieg zu danken.

Heute haben wir ein etwas anderes Verständnis von Wallfahrt und Pilgerschaft. Wir sehen es heute mehr als ein Gebet oder eine Bitte mit den Füßen an, ein wenig aber auch als sportliche Herausforderung.

Historie der Wallfahrten in Bayern

Im frommen Altbayern war und ist das Wallfahrtswesen tief verankert. Bereits im Jahr 1535 hat der Historiker Johannes Thurmair, genannt „Aventinus", die Lebensart seiner bayerischen Landsleute wie folgt charakterisiert: „Das bayerische Volk ist geistlich, schlecht und gerecht, läuft gerne Kirchfahrten, hat auch viele Kirchfahrten."

Die bayerischen Pilger bevölkerten vor der Reformation die Haupt- und Wallfahrtsstraßen mindestens in ebenso starker Zahl wie die Gläubigen des restlichen Europas. Nach der Reformation entwickelte sich das Wallfahrtswesen unterschiedlich. Während es in den Gebieten, wo sich die Protestanten gegen den katholischen Glauben durchgesetzt hatten, bald zum Erliegen kam, nahm es in den katholischen Landen während der Gegenreformation noch einen enormen Aufschwung. Vor allem die marianischen Gnadenstätten erhielten in der Zeit starken Zulauf und wurden im 18. Jahrhundert, dank der Opferfreudigkeit der vielen Gläubigen, zu wahren Juwelen der barocken Kirchenbaukunst aus-, um- oder neugebaut.

Sankt Leonhard in Inchenhofen, kurz „Leachat" genannt, war im Mittelalter übrigens das viertgrößte Wallfahrtsziel der Christenheit.

Wallfahrt-Kirchfahrt heute

Geht eine Gruppe oder eine ganze Pfarrei auf Wallfahrt, ist dies stets ein Großereignis. Angeführt wird so eine Gruppe meist von einem Wallfahrtsführer. Ihm folgen ein Kreuzträger und eventuell zwei Fahnen. Ist ein Pfarrer dabei, geht er zwischen zwei Reihen von Wallfahrern und übernimmt das Vorbeten. Der Wallfahrtsführer ist für eine ordentliche Durchführung des Marsches verantwortlich. Manche Wallfahrts-Prozessionen sind auch mehrere Tage unterwegs.

Das gemeinsame Beten und Singen, z.B. auf dem Weg nach Altötting, und das geteilte Erlebnis der Anstrengung verbindet und hilft über manche persönlichen Sorgen und Abneigungen hinweg. Dabei nicht zu vergessen: das gemeinsame Essen und Trinken.

Ist man am Ziel der Wallfahrt, denkt man auch im Gebet und mit einem Souvenir an die Lieben daheim.

Wallfahrt ist also ein Gottesdienst im besten Sinne. Doch seit Jahrhunderten gilt beim gläubigen Landvolk auch der Spruch:

> Wenn's ehrlich bet'n und büaß'n kinna,
> soll'ns nachad aa ess'n und dringa!

Deshalb gehört zu einer richtigen Wallfahrt immer ein Wirtshaus.

Wallfahrt und Opfergaben

Schon seit dem Beginn des christlichen Wallfahrtswesen hat man auch durch Opfer und Gaben versucht, die Heiligen an ihren Andachtsstätten für Bußen, den Dank, aber vor allem für die vielfältigen Bitten und

Anliegen günstig zu stimmen. Geld und Naturalien waren von Anfang an die wichtigsten Opfer und Gaben, daneben wurde auch manch anderes Versprechen gemacht. Als Naturalie wurde vor der Elektrifizierung der Kirchen meist das kostbare Bienenwachs dargebracht – in Form von Kerzen oder als wächserne Votivgabe, deren Äußeres das Anliegen der Wallfahrt spiegelte, wie Fatschenkindl, Körperteile und Organe usw. Aber auch sogenannte Identifikationsopfer, z.B. Eisentiere für Leonhardsketten oder „Würdinger", d.h. Silber und Gold in getriebenen Abbildungen von Gliedmaßen, Organen, etc., wurden dargebracht. Man wollte und will etwas an der Wallfahrtsstätte zurücklassen, das stellvertretend für den Pilger dessen Interessen wahrnimmt.

Manche Wallfahrer erschwerten sich den Weg, indem sie z.B. ein Kreuz wie Jesus auf ihrer Pilgerschaft trugen und es dann in der Wallfahrtskirche zurückließen. Andere legten den Weg nur nachts zurück. Mancher dagegen hat es sich letztendlich mit Freude erleichtert und brachte ein Votivbild, das die Bitte oder den Dank für die Guttat in der Kirche bekannt machte. Wieder andere stellten sich, ihre ganze Familie und ihren Besitz samt Anwesen unter den besonderen Schutz Gottes oder eines Heiligen: Zu Hause wurde eine Mörtelplastik vom Saubartl, eine Heiligenfigur, über der Stalltüre oder in einer Mauernische platziert, ein Feldkreuz aufgerichtet, ein Bildstock oder eine Kapelle erbaut – je nach Vermögen des Bittstellers. Dort konnte man dann jederzeit für sein Anliegen beten.

Freiherr Max Emanuel von und zu Sandizell hat sich anno 1731 verlobt, für eine glückliche Heimkehr aus Malta eine Kirche zu bauen. Daraus wurde eines der schönsten Gotteshäuser Altbayerns: die Asamkirche zu Sandizell.

Nach dem Zweiten Weltkrieg ist auch manches Feldkreuz und manche Kapelle erbaut oder renoviert worden als Dank für eine glückliche Heimkehr.

Bußopfer waren meist Spenden. Jedenfalls erhofften sich und erhielten die Wallfahrer durch das Spenden von Geld meist innere Einkehr, Erleichterung und Frieden.

Wallfahrtsandenken

Natürlich wollte man nicht nur am Wallfahrtsort eine Votivgabe zurücklassen, sondern den Daheimgebliebenen auch etwas mitbringen. Geweihte sogenannte „Breverl" – das sind mehrfach gefaltete Heiligenbildchen – waren wohl die ersten Andenken. Man hat sie den Kindern in die Wiege und den Eheleuten ins Bett gelegt oder sie als Schutzamulett um den Hals getragen. Aber auch geweihte „Schluckbildchen" in ganzen Bögen hat man gerne mitgenommen. Man trennte die Bildchen einzeln vom Bogen, um sie z.B. ins Brot zu backen oder dem Vieh ins Futter zu streuen. Hier kamen sich christlicher Glaube und im Volk verwurzelter Aberglaube sehr nahe.

Auch Rosenkränze und Ulrichskreuze sind schon sehr alt. Daneben konnte und kann man seit dem 19. Jahrhundert bis heute noch viele andere Andenken erwerben: Beliebt waren kleine versilberte Figürchen vom Gnadenbild in einer Blechbüchse, aber auch Wetterglöcklein, Wetterkerzen, Hinterglasbilder und Wachsstöcke nahm man gerne mit nach Hause. So wurde die ganze Familie an der Wallfahrt beteiligt.

Die Firma Pöllath aus Schrobenhausen hat für ganz Europa Wallfahrtsandenken wie Rosenkränze, Anhänger, Medaillen und Heiligenbildchen hergestellt und vertrieben.

Maiandachten

Während des gesamten Monats finden allabendlich die Maiandachten statt. Mit Gebet, Litanei und Gesang bittet man die Muttergottes um Beistand und Schutz. Das ist eine barocke Frömmigkeitsform, von der erstmals 1784 in Ferrara berichtet wird. Im 19. Jahrhundert breitete sie sich über Deutschland, vor allem über Südbayern aus. Aus München hört man im Jahr 1841 erstmals von einer Maiandacht nördlich der Alpen. Papst Paul VI. empfahl die Maiandachten noch in seiner „Enzyklika Mense" vom 1. Mai 1964 als „teure Gewohnheit".

In den Abendstunden der Maientage empfängt die „Himmelskönigin" die Verehrung der Gläubigen. Sonntags kommen auch die
Erstkommunionkinder schön gekleidet und mit Kerze zur Andacht.
Für die Kinder war es vor 50 bis 60 Jahren noch täglicher Brauch,
zur Maiandacht zu gehen. In der Kirche war zuvor zu Ehren der
Gottesmutter der Marien-Seitenaltar mit Blumen und Kerzen ge-
ziert worden. Nach der Aussetzung des Allerheiligsten wurden der
Rosenkranz und die Litanei gebetet. Nach dem Singen eines Mari-
enlieds und der Erteilung des Segens wurde man wieder entlassen.
Der Heimweg war für die Kinderschar meist recht lustig, wurde
z.B. mit Fangerlesspielen usw. verbracht. Wenn es finster wurde,
war man jedenfalls wieder zu Hause.

Die Sonntags-Maiandachten auf dem Beinberg ziehen immer
viele Leute aus der weiten Umgebung an.

Wallfahrten im Mai

Natürlich finden im Mai auch viele Marienwallfahrten statt. Der
Monat beginnt gleich mit einer großen Wallfahrt. In Scharen trifft
man sich am ersten Sonntag des Mai in Scheyern beim ersten
Kreuzfest des Jahres und lässt sich das Kreuz auflegen.

Alljährlich begeht der Benediktinerkonvent in Scheyern erst das
Hauptwallfahrtsfest zur „Kreuzauffindung" mit Tausenden von
Besuchern. Das zweite Wallfahrtsfest „Kreuzerhöhung" findet am
14. September statt. In der Zeit dazwischen spendet die katholische
Kirche den Wettersegen und läutet dabei die Wetterglocke.

Die heilige Kaiserin Helena, die Mutter des Kaisers Konstantin I.,
soll bei ihrer Pilgerreise als 80-Jährige in Palästina das Kreuz Jesu
Christi auf dem Berg Golgatha gefunden haben. Das Kreuz wurde
geteilt und ein Splitter soll seinen Weg ins Kloster Scheyern gefunden haben. Die Reliquie in Scheyern ist die größte Kreuzreliquie in
Deutschland und nach der Form des byzantinischen Patriarchen-
kreuzes gefasst.

Bittgänge und Flurumgänge im Mai – Bittwoche

Der Mai ist die Zeit der Feldprozessionen: Ein Kreuzträger, Ministranten und der Pfarrer, begleitet von einer Gruppe Leute, gehen betend durch die Fluren, während der Pfarrer den Wettersegen spendet.

An den drei Tagen vor Christi Himmelfahrt, am Schauerfreitag oder am Pfingstmontag macht man Flurumgänge und Bittgänge, in denen sich die gläubigen Christen in eigenen Nöten und für andere Menschen an Gott um Hilfe wenden. Sie danken für das Wachsen der Natur, bitten um eine gute Ernte und um Erfolg für ihre Arbeit, um Verschonung vor Unwetter, Missernten und Katastrophen in Natur und Technik. Das Beten und Singen auf dem Weg stärkt die Hoffnung, in Gott geborgen zu sein.

Die Sitte, die Flur zu umgehen, um sie zu schützen und zu segnen, ist nicht erst seit dem Aufkommen des Christentums bekannt. Zugrunde liegt der Gedanke, dass jeder Ort, der in frommer Absicht umschritten wird, gleichsam von einer unsichtbaren Mauer umgeben ist und das Böse ausgesperrt wird.

In manchen Pfarreien werden heute statt der Bittgänge Bittgottesdienste abgehalten.

„Heiliger Florian – schütz' unser Haus, zünd' andre an" – 4. Mai

Der heilige Florian war ein römischer Soldat, der ca. 304 n. Chr. in Lorch an der Enz in Oberösterreich den Märtyrertod starb. Über seinem Grab steht heute das Chorherrenstift St. Florian, unweit der Schrobenhausener Partnerstadt Perg. Dargestellt wird er meist als römischer Soldat mit Helm und Harnisch, Banner oder Lanze in der Hand, Kreuz auf der Brust oder auf dem Schild und mit einem Mühlstein. Aus einem Schaff gießt er Wasser auf ein brennendes Haus.

Am 4. Mai feiert die Kirche den Namenstag dieses ersten Märtyrers aus dem heutigen Österreich und Schutzpatrons der Feuerwehren, Schmiede, Schäffler und Brauer. Nahe an diesem Termin
werden gerne Feuerwehrübungen und Floriansmessen für die Frei-
willigen Feuerwehren landauf landab gefeiert. Mit Vereinsfahne
und Spielmannszug marschiert dann die gesamte Wehr vom Feuer-
wehrhaus zur Kirche.

Auch Florianskerzen werden heute geweiht.

Muttertag

Die Mutter genießt in fast allen Gesellschaften und Kulturen der
Erde ein besonderes Ansehen. In der Praxis bekommen Mütter
diese Wertschätzung allerdings nicht allzu oft zu spüren. Der
Muttertag wurde schließlich zu Beginn des 20. Jahrhunderts „erfunden", damit Kinder jeglichen Alters und auch Partner ihre
Mütter bzw. (Ehe)Frauen wenigstens einmal im Jahr mit der Aufmerksamkeit bedenken, die sie verdienen. Gefeiert wird er am
zweiten Maisonntag.

Die Wiege des Muttertags in seiner weltweiten modernen Form
ist Amerika. Anna Jarvis, eine lebenslustige rothaarige Schönheit
und Lehrerin, gab ihren Beruf auf, um ihre unheilbar erkrankte
Mutter zu pflegen. Nachdem diese 1905 verstorben war, hatte Anna
Jarvis die Idee, zum Gedenken an ihre Mutter und zu Ehren aller
Mütter in allen Ländern der Welt einen Feiertag des Dankes und
der Liebe einzuführen. Mit fanatischem Einsatz kämpfte sie ein
Leben lang dafür. Über Philadelphia und West-Virginia erreichte
sie schließlich, dass Präsident Woodrow Wilson nach einem Kon-
gressbeschluss 1914 den Muttertag zum Staatsfeiertag erhob.

Nach dem Ersten Weltkrieg erreichte der Brauch bald Europa.
1923 wurde er auch in Deutschland erstmals begangen. Zehn Jahre
später erklärte Hitler den Muttertag zum gesetzlichen Feiertag,
weil er so gut in sein Programm passte. Anna Jarvis aber verlor im

Kampf gegen eine Kommerzialisierung des Muttertags ihr ganzes, nicht unbeträchtliches Vermögen und starb 1948 völlig verarmt.

Sinn des Muttertags ist also – im Gedenken an seine Erfinderin – weniger das Beschenken als die Anerkennung der Mutter als Mittelpunkt der Familie, etwas Hilfe und kleine Verwöhnmaßnahmen werden auch gern gesehen.

Die Eisheiligen oder Roafmenna – 12. bis 15. Mai

Pankrazi, Servazi, Bonifazi,
des san drei frostige Bazi
und zum Schluß fehlt nie
die eiskalte Sofie.

Alle Gartenfreunde wissen: Frostempfindliche Pflanzen darf man erst nach den Eisheiligen ins Freie auspflanzen. Nur Tröge und Blumenkästen sind eine Ausnahme, weil man sie besser abdecken oder nötigenfalls sogar hereinstellen kann. Die gestrengen Eismänner Pankratius, Servatius, Bonifazius und dazu die kalte Sofie zwischen dem 12. und 15. Mai führen meist noch ein eisiges Regiment. Als Zäsur zwischen Winterfrost und den kommenden wärmeren Tagen sind sie schon seit dem 15. Jahrhundert im Namenbuch des Dankrotzheim bekannt. In einem Bauernkalender aus der Steiermark tauchen die frostigen Gesellen schon Mitte des 18. Jahrhunderts auf: Darin wird gewarnt, vor diesem Termin im Garten zu sähen, die Schafe zu scheren, das Vieh auf die Weide zu treiben oder frostempfindliche Pflanzen auszusetzen.

Diese Sprüche gelten immer noch:

Servaz und kalte Sofie müssen vorbei sein,
will man vor Frost sicher sein.

Vor Pankratius kein Sommer,
nach Servatius kein Frost.

Wer seine Schafe schert vor Servaz,
dem ist die Wolle lieber als das Schaf.

Leben in Bayern:
Waschtag vor dem Zweiten Weltkrieg

Für die große Wäsche wurde früher die ganze Zeit über ein Vorrat an weichem Regenwasser gesammelt.

Der Waschtag selbst begann schon am Abend vorher mit dem Sortieren der Wäsche und dem Einweichen der Kochwäsche in verschiedenen Waschschäffeln mit Soda und Seifenflocken sowie dem Vorbereiten von Brennholz für den Ofen unter dem Waschkessel.

Ganz früh am Waschtag hat meist die Hausfrau oder die „Saudirn" den Waschkessel angeheizt und bis 6 Uhr früh zum Kochen gebracht. Dann wurde die erste Füllung Wäsche mit Waschpulver oder Seifenflocken hineingelegt, ausgekocht und dabei immer wieder durchgerührt, gestampft und dann wieder ziehen gelassen.

Als erstes hat man die Gute- oder Weißwäsche wie Tisch-, Bett- und Unterwäsche gewaschen, danach die Buntwäsche, die Leibwäsche und Handtücher. Zum Schluss kam die Schmutzwäsche wie Arbeitskleidung, Hosen, Schürzen usw.

Nach dem Auskochen legte man die Wäsche Stück für Stück auf den Waschtisch und entfernte weitere Verschmutzungen mit Seife und Bürste. Der Waschtisch war leicht schräg und hatte an der vorderen Seite, vor den Wäscherinnen, eine Abflussrinne, welche die Seifenlauge nach einer Seite abfließen ließ, wo sie meist in einer Wanne gesammelt wurde. Das „Bürstln" war eine sehr schwere Arbeit. Mit dem Wäschestampfer oder dem Waschbrett („Rumpel") für kleine Wäschestücke wurde seit den dreißiger Jahren die Mühe schon etwas weniger.

Danach wurde die Wäsche oft mehrfach in klarem Wasser gespült oder „gschwoabt". Für das Auswringen vor und nach den einzelnen Spülgängen wurde viel Kraft benötigt. Später haben Wäschepressen diese Arbeit erleichtert.

Gegen das Vergilben der Weißwäsche hat man dem letzten Spülwasser Wäscheblau in Form von Pulver oder Papierstreifen zugesetzt. Leinen wurde zum Bleichen gerne in feuchtem Zustand auf einer Wiese ausgebreitet.

Vor der Verbreitung von „Hoffmannsstärke" hat man Hemden mit dem Absud von Salzkartoffeln oder Kartoffelknödeln gestärkt.

Auf einer Sisalleine oder einem verzinkten Draht hing man die Wäsche dann zum Trocknen auf.

Mit Flicken und Stopfen wurde die oft schon verschlissene Wäsche wieder gebrauchstüchtig hergerichtet. Das Bügeln beendete die umfangreiche Aktion.

Die Frauen konnten mit Recht sehr stolz sein, wenn Mann und Kinder ordentlich und sauber gekleidet waren.

Christi Himmelfahrt oder Auffahrt Christi

40 Tage nach Ostern feiert die Kirche eines ihrer ältesten Feste, die Himmelfahrt Christi oder bayerisch g´sagt: „Auffahrt Christi". Der Weltkatechismus spricht vom endgültigen Eintritt der menschlichen Natur Jesu in die göttliche Herrlichkeit.

Christus sprach zu den Aposteln: „Ihr werdet die Kraft des heiligen Geistes empfangen, der auf euch herabkommen wird ..." In der Apostelgeschichte heißt es weiter: „Als er das gesagt hatte, wurde er vor ihren Augen emporgehoben und eine Wolke nahm ihn auf und entzog ihn ihren Blicken." Dieses biblische Geschehen stellte man sich nicht nur im frommen Bayern schon immer recht anschaulich und plastisch greifbar vor – so auch im „Theatrum Sacrum", im heiligen Schauspiel. Darum wird auch heute noch in so manchem

Gotteshaus die Himmelfahrt nach barocker Manier am Auffahrtstag in einer andächtigen Theater- oder Puppenaufführung nachempfunden.

Der Mesner braucht zu Letzterem eine Christusfigur, zwei Engelsfiguren und drei Helfer, die über der Kirchendecke auf dem Bauch liegen und von den Kirchenbesuchern nicht zu sehen sind. Jeder zieht nun eine Figur – Christus flankiert von den zwei Engeln – vom Altartisch langsam zur Decke hinauf, bis Jesus mit seinem Gefolge in einem Loch im Gewölbe entschwindet und das Schauspiel der Himmelfahrt vollendet ist.

Die Kirchenordnung von Pfalzgraf Ottheinrich von Neuburg verbot 1543 derartige Darstellungen. In der beginnenden Aufklärung verbot auch Schrobenhausens Stadtpfarrer Franz Widtmann Mitte des 18. Jahrhunderts rigoros die traditionellen Passions-, Pfingst- und Weihnachtsspiele. Ende des 19. Jahrhunderts gebot Maximilian von Montgelas in einem strengen Erlass diesen „zweckwidrigen Zeremonien, bei denen in vielen Dörfern, Märkten und Städten eine Statue oder ein Bild Christi an Stricken unter lärmendem Gedränge des herbei strömenden und gaffenden Volkes in die Höhe gezogen wird" Einhalt. Aber alles umsonst: Die Tradition ging nie ganz verloren. Zuletzt hob der volkskundlich engagierte Bayernkönig Ludwig I. all diese Verbote wieder auf. Heute wird das Schauspiel z. B. in Willprechtszell (Gemeinde Petersdorf) im Landkreis Aichach-Friedberg noch aufgeführt.

Auf vielen Höfen gab es an Christi Himmelfahrt nur „fliegendes Fleisch" (Gänse, Enten, Hühner und Tauben) zum Essen, mit der Wunschvorstellung, einmal selbst in den Himmel zu kommen.

Leben in Bayern: Mit Armbrust und Büchse

Von allen Vereinen haben die Schützenvereine und -gilden die längste Tradition. Schon immer mussten die Bürger und Untertanen ihre An-

siedlungen, Dörfer, Märkte und Städte in vielen Fehden ihrer Landesherren und gegen marodierende Landsknechte verteidigen. An festen baulichen Wehranlagen wurden die Männer verpflichtet, in sogenannten „Fähnlein" an bestimmten Abschnitten der Wehrgänge den Verteidigungsdienst zu übernehmen. Um ihre Leute dafür üben zu lassen, errichteten die Märkte und Städte außerhalb des Ortes Schießstätten. Dort wurden die Männer ausgebildet, damit sie auch gegen geübte Landsknechte bestehen konnten.

Manche waren mit besonderem Ehrgeiz und Freude dabei und so entstanden aus den Fähnlein mit der Zeit die Gilden und Vereine, mit Unterstützung der Wittelsbacher Landesherren zuletzt die „Königlich privilegierten Feuerschützengesellschaften". Eine Reihe bayerischer Schützenvereine können auf eine Gründung im frühen 14. Jahrhundert samt strenger Schützenordnung aus der Zeit zurückblicken.

Mit dem Aufkommen schwerer Waffen verloren die Schützen nach und nach an Bedeutung für den Schutz des eigenen Ortes und die allgemeine Heimatverteidigung. Doch die Lust am Schießen und an gelegentlichen Wettbewerben zu besonderen Festen blieb. Aus der Tradition dieser Heimatverbundenheit und des bürgerlichen Selbstbewusstseins prägen viele Schützenvereine das gesellschaftliche Leben und die Brauchtumspflege an ihren Orten. Zahlreiche schöne alte Schützenscheiben zeugen von den Veranstaltungen, auf denen sie zum Einsatz kamen. Auch der Trachten- und Schützenzug am ersten Sonntag des Münchner Oktoberfests und das Wettschießen auf der Wiesn zeigen uns anschaulich, wie lebendig die Tradition bei den Schützen immer noch ist.

Von allen Sportvereinen Bayerns haben wohl die Schützenvereine die meisten aktiven Mitglieder, die sich in einem regen Vereinsleben und Spielbetrieb mit Gewehr, Pistole, Armbrust oder Bogen üben. Auch viele Frauen sind von diesem Sport begeistert. Bayerische Schützinnen und Schützen können bei Europa- und Weltmeisterschaften wie bei Olympischen Spielen oft sehr gute Erfolge erringen.

Vatertag

An Christi Himmelfahrt gehen heutzutage die Väter feiern. Vordergründig wirkt das Ganze zwar fast wie eine Konkurrenzveranstaltung zum Muttertag, hat aber etwas ältere Wurzeln. Unser Vatertag ist wohl aus den frühen sommerlichen Familienausflügen à la Spitzweg und den „Herrenpartien" des 19. Jahrhunderts hervorgegangen.

So wurde Vaters Ehrentag mit dem gesellschaftlichen Aufschwung nach dem Zweiten Weltkrieg wiederbelebt. Gefeiert wird meist ohne Familie, aber auch ohne Keglerbälle, Tänzerinnen, Kutschfahrten und Spiesbratenessen. In den 1930er Jahren propagierten die Tabakindustrie und die Metzger den Vatertag.

Am Morgen bekommt der Papa meist eine Kleinigkeit, eine Krawatte oder ein Flascherl Hochprozentiges. Nach dem Frühstück ziehen lustige Mannsbilder in kleinen Gruppen mit Freunden, Vereinsbrüdern oder Arbeitskollegen zu Fuß oder mit dem Fahrrad los zur zünftigen Vatertagswanderung oder zum Vatertagsausflug. Manche haben auch ein Wagerl mit einem Tragerl Bier dabei, andere sogar einen größeren Leiterwagen hinter Pferden oder einem Bulldog. Gegessen wird feuchtfröhlich in einem Wirtshaus oder Biergarten. Nach ein paar Runden zieht man dann weiter und auch im nächsten Wirtshaus geht's zünftig weiter mit der nassen Fütterung. Bis die allerletzte Maß Bier getrunken ist, kann es leicht Mitternacht werden. Wenn der Vater dann am nächsten Morgen mit schwerem Kopf im Ehebett aufwacht, kommt ihm vielleicht der Gedanke: „O mei, Vater werden ist nicht schwer, Vater sein dagegen sehr."

Oft dient ja so ein Vatertagsausflug dazu, die Kollegen vom Arbeitsplatz auch privat ein wenig besser kennenzulernen, um dort das Klima zu verbessern.

Der Name kommt wohl aus Amerika, wo 1909 erstmals die Rede davon ist. Präsident Lyndon B. Johnson hat 1966 allerdings den dritten Junisonntag offiziell zum Vatertag proklamiert, wir feiern früher.

Leben in Bayern: Brotzeit Macha

Brotzeit, Brotzeit!
Brotzeit is de scheenste Zeit,
weil uns dann de Arbeitszeit
wieder besser gfreid!

So sang man im 20. Jahrhundert, wenn man Appetit auf eine kleine Zwischenmahlzeit hatte. Die Bezeichnung stammt wohl aus der Zeit vor der Mechanisierung der Landwirtschaft in Bayern, als noch alles von Hand erledigt werden musste, man im Sommer oft von Sonnenaufgang bis abends um 7 Uhr arbeitete und so locker auf einen Arbeitstag von 14 bis 16 Stunden kam.

Damals brachte man dem Gesinde am frühen Vormittag eine Zwischenmahlzeit (Brotzeit) aufs Feld. Sie bestand meist aus Wasser, eventuell auch etwas Most oder Arndtbier für die Männer und einem Butterbrot, mit Salz oder Schnittlauch bestreut – es konnte auch ein „Schmoizbrot" mit „Gruim" sein oder, in Richtung Niederbayern, ein Brot mit „Erdäbfekas". Man setzte sich zusammen und so schmeckte diese kleine Mahlzeit ganz besonders gut. Bei enorm schwerer Arbeit („Hoizschlaong" im Winter) gab es auch ein Brot mit Leberwurst oder in Streifen geschnittenem „Gselchtem" (Geräuchertem).

Bald fand dieses „Brotzeitmachen" auch Freunde in der Stadt, die dazu auf Metzger und Bäcker zurückgreifen konnten, und wurde deshalb in seiner Zusammensetzung stark erweitert.

Heute serviert man in ganz Südbayern am Vormittag „Münchner Weiße" mit süßem Senf, Brezen und Weißbier. Die Weißwürste schmecken nicht nur gut, sie sind auch nachgerade appetitanregend. Schon der Umstand, dass sie vor dem Zwölfuhrleuten gegessen werden sollen, ist etwas ganz Spezielles. Die Würste müssen heiß serviert und genossen werden. Deshalb kommen sie in einer Terrine mit heißem Wasser auf den Tisch und werden einzeln herausgenommen. Über die Art, wie man sie isst, gibt es verschiedene Ansichten. Einig kann man sich aber darüber sein, dass die Weißwurst in die gehobene Kategorie der Brotzeiten gehört.

Am Nachmittag holt man sich noch heute an vielen Baustellen, in Büros und Dienststellen beim Metzger eine Leberkässemmel mit mittelscharfem Senf. Der frisch gebackene Leberkäs hat einen einmaligen Geschmack, solange er richtig heiß ist und der Saft noch auf das Schneidbrett trieft. Am liebsten mag ich den Anschnitt mit dem „Scharl", der schönen braunen Kruste. Dazu schmeckt auch eine Breze, ein Salzspitz oder ein „Maurerloawe". Nach dem Erkalten kann der Geschmack des Leberkäs übrigens auch durch Aufwärmen nicht mehr wiederhergestellt werden.

Die Brotvielfalt war früher nirgends so groß wie bei uns in Bayern. Ein Brotzeit-Buffet mit „bayerischen Schmankerl" kann in dieser Tradition ebenso reichhaltig und vielfältig sein.

Warm isst man zum Beispiel: Schweinsbratwürstel, Bratwürstel, blaue Zipfel, Fränkische und Nürnberger Bratwürste, „Ochsenaugn" (Spiegelei), „Oaraschmoiz" (Rührei), Sauerkraut, „Erdäpfeschmarrn" (geröstete Kartoffeln), Bratkartoffeln, geröstete Semmelknödel oder angebratene „Erdäpfeklees" (Kartoffelklöße).

Warm und kalt schmeckt: Regensburger Würstl, Blut- und Leberwürste, Fleischpflanzerl (Frikadellen), Hackbraten oder „Erdäpfeesse" (Kartoffelsalat, oft mit Senf, Speck, Gurken oder Endiviensalat).

Kalt serviert man: Kalter Braten, Sülze, Handwurst, Landjäger, „Gselchtes" (Geräuchertes, gewürfelt), Zwiebelfleisch sauer, Wurstsalat sauer (auch mit „Musik" = Zwiebelringe), Presssack in Scheiben oder sauer (mit „Musik"), Ochsenmaulsalat, Semmelknödel sauer, harte Eier, Emmentaler mit Salz und Pfeffer, Backsteinerkaas (auch sauer mit „Musik"), Obazda, „Dopfakaserl" (Topfenkäse) und Kräutertopfen.

Beispeisen dürfen natürlich nicht fehlen: Krautsalat, „Erdäpfekaas", eingelegte Zwiebeln, rote Tomaten, eingelegte grüne Tomaten, „Radi" (Rettich), „gsoizene" Butter, „Kren" (Meerrettich), Preiselbeeren, Zwetschgen oder Kürbis süß-sauer. Brot und Brezen verstehen sich als Beigaben von selbst. Ein Bier oder ein „Woazn" (Weißbier) runden die Brotzeit ab.

Das warme „Drei-Gänge-Menue" (Wiener mit Senf und Semmel) und die Berliner Currywurst gehören nicht zum Repertoir einer bayerischen Brotzeit.
An Guadn wünsch i!

Pfingsten

Pfingsten, das Hochfest des Heiligen Geistes, ist eines der ältesten christlichen Feste. Die Kirche feiert ihre eigene Geburtsstunde.

50 Tage nach Ostern begingen die Christen ein großes Freuden-, Frühlings-, Ernte- und Wallfahrtsfest. Im Glauben wird an Pfingsten das Feuer zur Flamme, zum Geist, der sich in die Seelen der Christen ergießt. Die Kirche betet: „Komm, Schöpfer Geist."; Johannes der Täufer hat angekündigt: „Nach mir wird einer kommen, der mit dem Heiligen Geist und mit Feuer taufen wird."

Mit dem Pfingstfest werden alle Christen zur Verbreitung der frohen Botschaft von der Erlösung durch den Tod und die Auferstehung Jesus Christus ausgesandt. Heute endet die Osterzeit mit dem Pfingstsonntag. Am Pfingstmontag geht es im Jahreskreis wieder weiter.

Vermutlich sind es die klimatischen Bedingungen in Mitteleuropa, die das Fest bei uns vor allem zu einem Frühsommer- und Wachstumsfest werden ließen. Aber auch weil die kirchlichen Inhalte des Festes für viele Leute schwer verständlich sind, bietet das Bild des Aufblühens und Gedeihens einen leichteren Zugang.

Pfingstsitten und Maibräuche haben bei uns viele Gemeinsamkeiten. Am Tag vor Pfingsten fand früher die „Herrgottswasch" statt, die Reinigung des Kreuzes im Herrgottswinkel. In manchen Dörfern wollte man nach dem Gebetläuten mit lautem „Goaßlschnoitzn" böse Hexen und Geister vertreiben. In der Kirche wurde das Heilig-Geist-Wasser geweiht und in Krügen heimgetragen.

Pfingstsonntag

In der Nacht zum Pfingstsonntag haben die Dorfburschen vor dem Fenster oder auf dem Hausdach mancher Dorfschönen den „Pfingstlimme", „Pfingstjakl" oder „Pfingstl" aufgerichtet. Das ist eine aus Stroh gebundene und mit alten Kleidern angezogene Figur, die auf einer langen Stange angebracht wurde. Den „Pfingstl" bekam das entsprechende Mädchen entweder, weil sie einem Burschen aus dem Nachbardorf schöne Augen gemacht hatte, einen Dorfburschen verschmäht hatte oder grundsätzlich allzu leichtfertig war.

Derjenige, der am Pfingstsonntagmorgen als letzter am Hof sein Bett verließ, wurde – ähnlich wie am Palmsonntag – als „Pfingstochs" kräftig verspottet.

Zum Pfingst-Hochamt trug man erstmals die neue Sommerkleidung; manche wollten besonders auffallen und waren herausgeputzt wie ein „Pfingstochse": Zur Zeit Karls des Großen begann jetzt nämlich das Weidejahr und die Herden wurden, von einem geschmückten Ochsen angeführt, hinaus getrieben.

Der in Geroldshausen (Krs. Pfaffenhofen) geborene und in Steinach bei Straubing wirkende Pfarrer und Volkskundler Josef Schlicht berichtet von einer nachmittäglichen Vesperandacht:

Schon tritt der Pfarrer, angetan mit dem hochfestlichen Rauchmantel, umgeben von seinen 4 Ministranten, unter die Rosette. Der Dorfwagner bringt durch das Heilig-Geist-Loch in der Decke die Pfingsttaube ins Schweben. Nun tritt sie in den Bereich der Augen. „Der Heilige Geist", flüstert die halbe Kirche in brennender Begierde. Im Mittelalter hat man auch brennendes Werg für die „Feuerzungen", später auch Blumen und Heiligenbildchen regnen lassen.

In der Säkularisation wurde dieser Brauch fast überall verboten. Wie allerorten im „Altbayerischen" verbrachten auch in unserer Gegend die Leute den Pfingstsonntagnachmittag beim Wirt und auf dem Tanzboden. Dabei wurde dem süffigen Bier reichlich zugesprochen. Burschen mit einer Freundin spendierten dieser einen

„Kaas", „Würscht" oder einen Braten mit „Erdäpfeese". Es blieb selten aus, dass es zum Streit unter den Burschen kam und sich daraus eine zünftige Rauferei entwickelte. Auch ordentliche, sitt- und arbeitssame Burschen und Männer wurden dabei zu wilden Raufbolden. Zugehauen wurde mit allem, was erreichbar war: Maßkrüge, Stuhlbeine, Prügel, Zaunlatten usw. Mancher hatte auch vorsorglich schon einen Ochsenfiesel, einen Totschläger, einen Stein oder ein Stilett mitgebracht. Der Schullehrer Eduard Wille von Singenbach (Landkr. Pfaffenhofen) meinte dazu: „Das Raufen empfanden sie keineswegs als Rohheit. Es war ihnen mehr eine Gewohnheitssache."

Pfingstmontag

Dem Pfingstsegen sprach man eine besondere Kraft zu. Am Pfingstmontag wurden deshalb in manchen Pfarreien Flurumritte abgehalten oder der Bauer selbst segnete seine Felder mit frisch geweihtem Heilig-Geist-Wasser.

Die Hofmarkherrschaft von Edelshausen veranstaltete regelmäßig auf der Erbschäferei am Gaishof ein Pfingstfest mit Bierausschank, Verkaufsständen der Metzger, Bäcker, Lebzelter und Tandler. Wandermusikanten spielten zum Tanz auf, was das Zeug hielt. Die Kinder unterhielten sich mit Sackhüpfen oder Würstlschnappen. Die Knechte konnten bei Wettläufen einen Käselaib gewinnen. Die Bauernburschen jagten ihre Wagenpferde für ein Fähnchen und ein paar Gulden um eine abgesteckte Rennbahn.

Was dann 1846 passierte, wollte hinterher niemand mehr so recht sagen: Ein paar Hitzköpfe stritten und rauften dann. Einer zog das Messer und rannte es seinem Widersacher in den Bauch. Nun hauten auch die Bauern mit ihren Ochsenfieseln dazwischen, die Weiber schrieen, die Kinder weinten. Mit blankgezogenen Säbeln trieben die Gendarmen die übelsten Raufer und Stecher in die umstehenden Schäferkarren und verfrachteten sie in die Gerichtsfronfeste im Schrobenhausener Bürgerturm. Acht Jahre vorher war schon einmal ein Mann totgestochen worden. Deshalb bekam nun der Hofmarksherr Graf von Sandizell großen Ärger und der Patrimonialrichter von Sandizell verkündete am 24. Mai 1846 die Abschaffung des Pfingstfestes für „alle ewigen Zeiten".

Pfingstdienstag

Am Pfingstdienstag machten sich Männer und Burschen aus den Pfarreien Waidhofen und Langenmosen auf zu einer Pferdewallfahrt zur Marienkirche auf dem Burgplatz von Oberwittelsbach. Am Weilachübergang von Altenfurt bei Schrobenhausen trafen sich die Reiter aus beiden Dörfern. Die Versuchung, in einer der Wirtschaften einzukehren, war groß: So eine Wallfahrt macht halt sakrisch durstig und die Gäule brauchen auch was zum Saufen. Pfingsten ist, wie schon gesagt, auch ein weltliches Freudenfest.

Fronleichnam, der Antlass- und Prangertag

Die Kirche gedenkt eigentlich am Gründonnerstag der Einsetzung des heiligen Altarsakraments durch Jesus Christus. Wegen der Trauer während der Karwoche verschiebt man dieses Hochfest des Leibes und des Blutes Christi auf den Fronleichnamstag am Ende der österlichen Zeit.

Christus brach das Brot und sagte „Dies ist mein Leib, der für euch hingegeben wird", segnete den Wein mit den Worten „Dies ist mein Blut, das für euch vergossen wird" und beauftragte alle, die an ihn glauben: „Tut dies zu meinem Andenken". Das ist der Anlass für die Heilige Messe und Grund genug für einen besonderen Feiertag. Der feierlichste und farbenprächtigste Festtag im bayerischen Kirchenjahr ist und war immer der Antlass- und Prangertag (früher auch Herrgottstag genannt).

Im späten Mittelalter sah man die Messfeier oft mehr als Schauspiel und der christliche Mahlcharakter war etwas in Vergessenheit geraten. Da hatte die heilige Juliana von Lüttich anno 1209 Visionen zur Verehrung des Altarsakramentes und der Kirche wurde bewusst, dass ihr dafür ein feierlicher Gedenktag fehlte. Mit Fronleichnam, was soviel wie „Leib-Christi-Fest" heißt, wurde von nun an Gottes Sohn im Allerheiligsten Altarsakrament verehrt. Papst Urban IV. führte das Fest 1264 ein.

Obwohl in der damaligen kaiserlosen Zeit die Einsetzung von Fronleichnam durch den Papst mehr als Empfehlung, denn als verbindliches Dekret angesehen wurde, hat es sich in Bayern doch sehr schnell verbreitet. So sind öffentliche Umgänge im Freien mit der Monstranz in Köln (1279), Benediktbeuren (1286), Würzburg (1298), Augsburg (1305), München (1318) und Freising (1407) belegt. Neben den Klöstern machte sich vermutlich die Bürgerschaft zusammen mit den Bruderschaften, Kongregationen, Zünften, Vereinen, Gesellschaften, Kaufmannsgilden und Räten der Städte für den neuen Feiertag samt dazugehörigen Prozessionen stark. Dabei gab es bei der Einführung des Fronleichnamsfestes eigentlich noch gar keinen Umgang. Erst im Konzil von 1311 wurde er zur Erinnerung an die wunderbare Verwandlung der gesegneten Hostie in den Leib Christi „in feierlicher, durch alle Gaben der schönsten Jahreszeit verherrlichten Procession" bestätigt.

Für Martin Luther war Fronleichnam 1527 „das allerschändlichste Jahresfest", die Prozessionen sah er als „gotteslästerlich". In der Zeit der Gegenreformation gewannen die Umgänge dann den Charakter einer Demonstration katholischer Frömmigkeit, die in der Barockzeit ihre höchste Prachtentfaltung erreichte. Schon im 14. Jahrhundert wurden auf den Prozessionswegen vier Stationen (Altäre) errichtet, bei denen die Anfänge der vier Evangelien verlesen wurden und die Gläubigen um Verschonung vor Blitz und Unwetter sowie um reiche Frucht beteten. Am letzten Altar wird die Heilige Messe gefeiert. So hat das Fest die bis heute gültige Grundordnung erhalten. Das Allerheiligste wird beim Umgang unter einem „Tragehimmel", einem Baldachin aus Gold-Brokat, durch die mit Blumen, Fahnen und Girlanden festlich geschmückten Straßen getragen, um Schaden von der Gemeinde abzuwenden und um Erntesegen zu bitten. Der Pfarrer geht mit dem Herrgott in der

Monstranz über einen Teppich aus frischem Gras und Wiesenblumen durch den Ort. Die Plätze vor den Altären werden auch oft mit Blumenteppichen liebevoll gestaltet. Junge Birken umrahmen die Altäre und begrenzen den Prozessionsweg, die Häuser am Wegrand sind ebenso geschmückt.

Der Umgang hat eine strenge Ordnung. Voraus geht ein Kreuzträger, dann folgen die Kinder der Gemeinde in Begleitung ihrer Lehrer, die Erstkommunikanten, die Vereine, die Bruderschaften, dazwischen kommen Fahnen- und Figurenträger, die Musikkapelle und der Kirchenchor. Kleine Mädchen in weißen oder hellen Kleidchen dürfen Blumen streuen. Christus in der Monstranz wird angeführt und flankiert von Ministranten und weiteren Priestern. Dem Baldachin folgen die Honoratioren der Gemeinde. Männer und Frauen bilden getrennt voneinander die Masse der Prozession und gleichzeitig deren Ende.

Fronleichnam ist das letzte der beweglichen Feste, die Krönung der sogenannten Herrenfeste im Kirchenjahr, und wird immer am zweiten Donnerstag nach Pfingsten gefeiert. In Bayern steht dieser Antlass-, Pranger- oder Kranzltag besonders hoch in Ehren. Der Name „Antlasstag" stammt aus einer Erklärung des Pfarrers Franz Xaver Bernhard Werries in Berg im Gau aus dem 18. Jahhundert: „Am Freitag in der Frühmesse wird der Antlaß gehalten. Hernach beim Hochamt auch. Danach geht die Prozession von der Kirche aus." Laut J. A. Schmeller steht „Antlass" für die Lossprechung oder Entlassung öffentlicher Büßer von ihren Vergehen und Kirchenstrafen und für ihre Wiederaufnahme in die Gemeinschaft der Christen. „Kranzltag" hieß Fronleichnam auch, weil man früher kleine Kränzchen aus Thymian weihen ließ und die Mädchen (Kranzljungfrauen) beim Umgang Blumenkränze, ebenfalls mit Thymian, im Haar trugen. Nach der Prozession hängte man diese an Fenster- und Türstöcken auf.

Weil sich vor allem die Frauen beim Umgang im allerfestlichsten Gewand präsentierten und geschmückt waren mit allem, was Truhe und Schatulle hergaben, erhielt Fronleichnam in Bayern auch die Bezeichnung „Prangertag". Aber auch das Messgewand des Pfarrers funkelt heute noch zur Ehre Gottes in Gold und Silber. Man stelle sich vor, welch festliches Schauspiel es vor 180 Jahren gewesen sein muss, wenn ganze Städte in prächtigsten Gewändern unterwegs waren: die Männer in knielangen farbigen Röcken mit Stehkragen und zwei Reihen Silberknöpfen an der Vorderseite. Viele mit ledernen Stiefelhosen und Faltenstiefeln an den Beinen, einen weitscheibigen Scherhut oder einen kegelstumpfförmigen hohen Filzhut am Kopf. Mancher stolze Bauer trug sicher seinen blauen Radmantel mit Silberkettenverschluss. Die jüngeren Männer hatten meist eine kurze Joppe an, im Schnitt wie der Langrock, ebenfalls mit Silbertalern und Stehkragen.

Die Frauen trugen an Fronleichnam ihre Hochzeitstracht, einen farbigen, meist roten, reich gefalteten Rock, grüne, goldene und blaue Schürzen. Den Oberkörper zierte ein Mieder, farbig für Mädchen, schwarz und meist mit Gold oder ebenfalls in Schwarz reich bestickt für die Frauen – alle mit silbernen Miederhaken und ebensolchem Geschnür, behängt mit Silbertalern und einem möglichst großen Miederstecker als Abschluss. Andere trugen darunter oder darüber Unterjacken oder „Karsedl" (Schalk) mit weitgebauschten Ärmeln und einer Fülle von Verzierungen. Das Haar war mit filigranen Haarnadeln hochgesteckt. Reiche Bäuerinnen und die Frauen der Honoratioren durften eine Otterfellhaube aufsetzen. Beamtenfrauen brachten die goldene Riegelhaube der Städterinnen ins Paartal. Ehefrauen trugen diese in Gold, Unverheiratete in Silber, Witwen in Dunkelblau oder Schwarz. Junge Mädchen hatten ein „Kranl", einen bestickten ovalen Ring, auf dem Kopf.

„Sakradie, so hätts fei a wieda net pressiert, mit dem himmlischen Segen", wetterte einmal ein Landpfarrer, als noch während des Umgangs das Bittgebet um Regen augenblicklich mit einem kräftigen Wolkenbruch erhört wurde und alle Prozessionsteilnehmer in ihren feinsten Sachen bis auf die Haut durchnässt wurden. „Wie ers auch macht, allen Leuten kanns net amal unser Herrgott immer recht machen."

Nach der Prozession reißen die Leute Zweige von den gesegneten Birken als Schmuck für den Herrgottswinkel ab oder um sie als Segenszeichen auf die Felder zu stecken.

Ist heute die Fronleichnamsprozession schon ein Stück Folklore geworden? Oder ist sie doch noch ein Bekenntnis des Glaubens und der Verehrung des Leib Christi? Auf dem Lande jedenfalls freuen wir uns noch darüber, wenn die Prozessionen durch Städte und Dörfer ziehen. Der Schlossbenefiziat Josef Schlicht, der im Landkreis Pfaffenhofen aufgewachsen ist und in Steinach (Krs. Staubing) wirkte, hat einmal gesagt: „Religion ist Schauspiel und Gnade zugleich." Und darüber sollten wir uns freuen. Ebenso darüber, dass bei uns geistliche Feierlichkeiten und weltliche Festlichkeiten nicht ganz zu trennen sind.

St. Antonius von Padua – 13. Juni

Am 13. Juni feiert die Kirche den Namenstag des heiligen Antonius. Weil er meist mit einem Kind dargestellt wird, nennt man ihn auch „Kindl-Toni". Bekannt ist er aber bei uns besonders als „Schlamperl-Toni", weil er zur Hilfe angerufen wird, wenn man etwas verlegt, verloren oder verschlampt hat. Dazu passend das Gebet zum heiligen Antonius:

Heiliger Antonius, du kreizguada Mo,
pack mi beim Schüpl und führ mi da no.

Geboren wurde er als Fernandez Martin 1195 in Lissabon. Er trat in den Franziskanerorden ein und starb 1231 in Padua. Er ist Schutzheiliger vieler Berufe wie Städte und für Herzensangelegenheiten zuständig.

Leben in Bayern: Biergarten

Sobald der Sonnenschein und die Temperaturen es erlauben, zieht's die Bayern unwiderstehlich in den Biergarten zu einem erholsamen Ratsch mit den Tischnachbarn bei einem kühlen Bier und einer Brotzeit. Hier sind alle Menschen gleich, ob Familie oder Fremder, Nadelstreifen, Tracht oder Jeans. Da gibt es auch keine Bildungsunterschiede. Früher ging man statt in den Biergarten in den „Sommerkeller" oder „Sommergarten".

Warum sind gerade in Bayern so viele Biergärten entstanden? Wegen zu hoher Brandgefahr durfte in den Sommermonaten nach der bayerischen Brauordnung zwischen „Georgi" (23. April) und „Michaeli" (29. September) kein Bier gesotten werden. Für den Sommer war es also notwendig, das Bier auf Vorrat zu sieden. Das ist zum einen der Grund für das sogenannte „Märzen": Um die Haltbarkeit des Bieres zu erhöhen, hat man es etwas stärker, mit höherem, konservierendem Alkoholgehalt eingebraut. Zum anderen wurden ortsnah möglichst tiefe Keller für die kühle Lagerung des Biers gegraben. Damit diese auch im Hochsommer die Lagertemperatur von vier bis sechs Grad Celsius halten konnten, hat man am Eingang und über der Decke der Keller Kastanienbäume gepflanzt, weil diese kein so tiefes Wurzelwerk haben und mit ihrem dichten Laubdach Sonne und Wärme aufs Beste abhalten. Im Winter wurde außerdem schon ein Teil des Kellers mit Eis gefüllt und so zusätzlich heruntergekühlt.

Es ist klar, dass der Gerstensaft direkt aus diesen kühlen Kellern im Schatten der Bäume besonders schmeckte, weswegen die Brauer vor allem am Sonntagnachmittag an Tischen und Bänken direkt über ihrem Keller Lager- oder eben Kellerbier ausschenkten. Wirte ohne Bierkeller haben das gern imitiert, sich in den Hof Kastanien gepflanzt und so auch die beliebten Schattenplätze im Freien geschaffen. Andere Wirte, die keine Plätze im Freien anbieten konnten, protestierten heftig gegen diesen Wettbewebsvorteil. Darauf entschied Bayerns König Ludwig I., dass im Sommerkeller keine Speisen angeboten werden durften, allein der Ausschank war weiter erlaubt. Und so ist es bis heute Tradition, dass es in einem echten Biergarten zumindesten einen Bereich gibt, wo man seinen mitgebrachten Radi samt „Beilagen" verzehren darf.

Heute hat fast jeder Wirt vor der Tür ein paar Garnituren (Tisch und Stühle) stehen, wenn auch oft die Kastanienbäume fehlen und dafür Sonnenschirme darüber aufgespannt sind.

'S Kegelscheibn

Das Kegeln ist ein uraltes Spiel. Besonders in der vormobilen Zeit, also vor dem Zweiten Weltkrieg, gab es in Altbayern kaum ein Dorfwirtshaus, das nicht neben den Kastanien des Wirtsgartens, quasi als Begrenzung, eine ziegelgedeckte, hölzerne, luftige Kegelbahn, eine „Kugelstatt", stehen hatte. Die Länge war nicht vorgeschrieben und richtete sich nach den örtlichen Gegebenheiten.

Am Sonntagnachmittag hallte dann das dumpfe Poltern hölzernen Kegelkugeln durchs Dorf. Beim Kegeln in Stadt und Land stand früher nicht der Sport im Vordergrund, sondern Geselligkeit und Spaß, manchmal auch zu vorgerückter Stunde eine Wette um Geld oder andere Sachen („Des scheibn ma etz aus!").

Die Kegelbahn selber besteht aus einer langgezogenen Fläche mit zwei Banden. Sie beginnt nach dem Anlauf mit einem Auflage-Laden; dort muss die Kugel vor einer bestimmten Markierung aufgesetzt werden. Am anderen Ende sieht man die Kegelaufstellfläche für insgesamt neun Kegel. Angeordnet werden diese in einem auf die Spitze gestellte Quadrat in fünf Reihen (1-2-3-2-1). Vorne steht allein der „Erste" oder „Vordere". In der zweiten Reihe folgen der linke und der rechte „Bohrer". In der Mittelreihe steht zentral der „König", ganz außen flankiert vom linken und vom rechten „Saunagel". In der vorletzten Reihe finden sich die beiden „Siebma" oder „Foidhiater". Der „Hintere" schließt das Ganze ab.

Wird die Kugel zu schwach „geschoben", „verhungert" sie schon vor den Kegeln. Wenn sie eine der seitlichen Banden berührt hat, ist sie „angewandelt". Fallen bei einem „Schub" in die „Vollen" nur die drei mittleren Kegel, ist das ein „Stier". Als Figuren kennt man auch noch „Alle Neine", einen „Kranz", den „Stier mit Kaiwe", das „Sauloch", die „Frauentürme", einen „Kiachaturm", den „Schuastastuih", den „Bachofa", eine rechte oder linke „Gassn" oder ein „Hemmadknöpfe". Beim Abräumen muss man die stehengebliebenen Kegel „stechen". Gefallene Kegel (die „Toten") werden von den Kegelbuben weggeräumt. Sind alle Kegel gefallen oder ist eine Partie mit allen Schüben zu Ende, werden sie wieder aufgestellt. Es gibt verschiedene Spiele, bei denen man in die „Vollen" oder auf Abräumen oder eine Kombination spielt. Gewonnen hat die Partei mit den meisten Punkten.

Die Dorfbuben hatten beim Kegelaufstellen eine der seltenen Gelegenheiten, an ein wenig Taschengeld zu kommen. Meist musste die unterlegene Partei die Buben auch bezahlen. Etwas mehr bekamen sie, wenn nach jeder Partie abgerechnet wurde. Zusätzlich zahlte der glückliche Schütze noch einen „Sondergroschen", wenn er „Alle Neune" oder einen „Kranz"geschoben hatte.

Johannisfest und Sonnwendfeuer – 24. Juni

Gefeiert wird am Namenstag Johannes des Täufers, nahe am Termin der Sommersonnenwende: Da das Fest der Sonnenhöhe heidnischen Ursprungs war, stellte die Kirche dem ihr eigenes christliches Johannisfest zur Seite. Der Johannistag galt noch im Mittelalter als zweitwichtigster Feiertag nach Weihnachten.

Sonnwendfeuer brannten früher überall in der Landschaft. Heute sieht man sie meist nur noch in den Bergen, obwohl sie früher fester Bestandteil auch kirchlich-religiöser Feiern waren.

Man glaubte: Die Feuer im Freien machen die Felder fruchtbar. So weit der Rauch zieht und so weit der Feuerschein zu sehen ist, wird es im ganzen Jahr nicht hageln. Auch sollen die Kräuter, die in der Johannisnacht gepflückt werden, ganz besondere Kräfte haben.

Der NS-Staat hat die Johannis- bzw. Sonnwendfeuer schließlich zum nordisch-germanischen Kult erhoben. Wohl deshalb wurde der Brauch im Flachland nach dem Zweiten Weltkrieg nicht wieder aufgenommen. In den Bergen entwickelte er sich weiter zu einem fröhlichen Spiel, meist für Paare. Trachtenvereine und Heimatpfleger haben die Feuer wieder belebt.

Für die Spargelbauern hat der Johannistag eine besondere Bedeutung. Nun ist es höchste Zeit, das Spargelstechen einzustellen, damit die Pflanze noch genügend Zeit hat, grünes Spargelkraut zu entwickeln, damit eine Photosynthese stattfinden kann.

Der Siebenschläfertag als Wetterorakel – 27. Juni

Wenn es auf den Siebenschläfertag zugeht, verfolgt man in Stadt und Land die Großwetterlage. Eine Bauernregel sagt:

Wenn es am Siebenschläfertag regnet,
ist man sieben Wochen mit Regen gesegnet.

Solche und ähnliche Wetterregeln im Zusammenhang mit dem Siebenschläfertag sind schon sehr alt. Nach jahrhundertelanger Erfahrung hat sich gezeigt, dass das Wetter in den letzten Junitagen bei uns entscheidend für den ganzen Sommer sein kann, weil sich die sommerliche Großwetterlage dann oft für mehrere Wochen eingependelt hat.

Leben in Bayern: Mit Glockenschall gegen Unwetter

Zur Erinnerung an die Dreifaltigkeit Gottes rufen die Glocken seit jeher dreimal am Tag zum Gebet. Erstmals schon in der Früh zum Arbeitsbeginn. Mittags rufen sie zum Essen, das Angelusgeläute am Abend beendet das Tagwerk. Da sollten dann alle, doch vor allem die Kinder zuhause sein, wo gemeinsam der „Engel des Herrn" gebetet wurde.

Wenn die Glocken läuten, mahnen sie nicht immer zu Gebet und Gottesdienst. Bei aufziehenden, unheilverkündenden Gewitterwolken ist der Ruf der Wetterglocke zu hören. Vor allem dann, wenn aus Scheyern die mächtige, über 40 Zentner schwere Heilig-Geist-Glocke ihre eherne Stimme erhebt, ist dies ein klares Zeichen für viele Dörfer ringsum. Auch von vielen Kirchtürmen im Paartal ist das Schauerläuten noch üblich. Zahlreiche Glocken verkünden in ihrer Umschrift: VIVOS VOCO / MORTUOS PLANGO / FULGURA FRANGO. Also: Die Lebenden rufe ich, die Toten beklage ich, die Blitze breche ich.

Bereits ausgangs des 18. Jahrhunderts entbrannte ein heftiger Meinungstreit über die Wirksamkeit und Unwirksamkeit des Wetterläutens und Wetterschießens. Kurfürst Karl Theodor ließ in Bayern 1783 das Wetterläuten sogar verbieten, doch niemand hielt sich daran. Professor Michael Buchberger, ehemaliger Bischof von Regensburg, wertete im 20. Jahrhundert: „Das Wetterläuten (Schauerläuten) ist physikalisch unwirksam." Dennoch stellte er es in die „Reihe von Sakramenten und Volkssitten" des agrarischen Mittelalters zur Unwetterabwehr. Es waren und sind auch heute noch viele Bauern vom Nutzen des Wetterläutens überzeugt und bitten beim Heraufziehen schwarzer Gewitterwolken ihren Pfarrmesner, doch die große Glocke zu läuten.

Andererseits verlangten die Bauern rund um Scheyern von den Benediktinern, man möge die große Wetterglocke nicht mehr läuten, weil sie ihnen das Unheil zutreibe. Der ehemalige Abt von Scheyern Dr. Johannes M. Höck erinnerte sich: „Eigentlich bin ich kein Befürworter des Wetterläutens. Eines Abends prasselte ein fürchterlicher Hagelschauer auf die Fluren. Er schlug den gesamten Hopfen in Grund und Boden. Von da an läuteten wir wieder." Ein anderes Mal waren der Klosterpförtner und der Klostergärtner Scheyerns uneins: Der Pförtner wollte die Glocke erschallen lassen, aber der Gärtner rief: „Nicht läuten, nicht läuten, die Erde ist total ausgetrocknet und braucht dringend viel Wasser."

Ursprünglich sollte das Schauerläuten nur dringlich zum Gebet rufen. Im Mittelalter unterschob man dem Glockenschall dann auch weitere Wirkungen. Wenn heute einer am Stammtisch das Thema „Wetterläuten" auf den Tisch bringt, hagelt es sofort pro und contra.

Manche Leute hofften, sich auch durch weitere Dinge vor schweren Gewittern und anderen Naturkatastrophen bewahren zu können. In Bayern findet sich schon früh ein Giebel-Gockel aus Ton auf den Häusern, dem Stall oder der Scheune. Auch der geweihte Kräuterboschen und die Palmkätzchenzweige hinter dem Kruzifix dienten diesem Zweck. Der Haselnussstrauch und der Hollerbusch an der Stadelwand, aber auch das wahre Wunderkraut, die Hauswurz und der Mauerpfeffer, sollte Haus und Hof beschützen.

Dazu sollte das Licht der schwarzen Wetterkerze, um welches sich die Familie bei Gewitter betend versammelte, die Naturgewalten besänftigen. Ließ das Gewitter nach, ging man mit einem „Gott sei Dank" wieder auseinander, nachdem man die Wetterkerze ausgeblasen und sie wieder sorgfältig verwahrt hatte, sodass sie beim nächsten Gewitter gleich wieder zur Hand war.

So gerüstet war man ein wenig zuversichtlicher, allzu schwerem Unheil zu entgehen.

Maria Heimsuchung – 2. Juli

Haselnussbüsche sind in Altbayern beliebt. Eine Legende erzählt:

Als die Gottesmutter Maria Elisabeth, die Schwester ihrer Mutter Anna, besuchen wollte, wurde sie von einem Unwetter überrascht. Da suchte Maria Schutz vor dem Regen unter einem großen Haselnussgebüsch. Seitdem sollen in Haselnüssbüsche keine Blitze einschlagen oder sich Schlangen verkriechen.

Gabelförmige Haselzweige eignen sich sehr gut als Wünschelruten. „Haselnusserne" waren auch als „Weggefährten" oder als „Kampfgenossen" immer beliebt.

In einigen Gegenden steckt man am Fest Maria Heimsuchung am 2. Juli frische Haselzweige ans Fenster, um das Haus vor Blitzeinschlägen zu sichern.

Heiliger Christophorus – 24. Juli

Christophorus bedeutet „Christus-Träger". Er ist der Patron der Reisenden, Wanderer und Fuhrleute und wird von vielen Leuten angerufen, die einen sicheren Weg erbitten wollen. Christophorus wird auch als einer der Vierzehn Nothelfer verehrt.

Nach der Legende soll er Reisende, wie auch das Christuskind, durch einen Fluss getragen haben wie ein Fährmann an einer Furt.

Viele Autofahrer haben eine Christophorus-Plakette am Armaturenbrett ihres Wagens und erbitten sich damit göttlichen Schutz im Verkehr. Der Volksglaube sagt: Wer auf ein Bild des heiligen Christophorus mit Andacht geschaut hat, stirbt an diesem Tag keinen unvorbereiteten Tod.

In manchen Wallfahrts- und Pfarrkirchen werden am Namenstag des heiligen Christophorus Fahrzeuge gesegnet.

St. Jakob – 25. Juli

Patrozinium der Jakobskirchen
an den Jakobswegen

Jakobus der Ältere gehörte mit seinem Bruder Johannes und Petrus zu den erstberufenen Aposteln. Er starb in Jerusalem den Martertod. Bekannt ist Jakob als Patron der Hirten und Pilger. Besonders hoch verehrt wird er in Spanien, wo sich mit Santiago de Compostela die drittgrößte Wallfahrt der Christenheit befindet. Entlang der zahlreichen Pilgerwege aus ganz Europa mit Ziel Santiago hat man etwa alle 30 Kilometer Jakobuskirchen und -herbergen erbaut.

Zum Gedenktag des heiligen Jakob Ende Juli steht auch die Ernte der Jakobsäpfel und der frühen Jakobs-Erdäpfel an.

Maria Himmelfahrt – 15. August

Großer Frauentag – Kräuterbuschenweihe

Schon im 5. Jahrhundert feierte man den Todestag der Gottesmutter. Im 6. Jahrhundert wurde er an verschiedensten Orten als Hochfest begangen. Seit 813 erinnert dieses Hochfest an die leibhaftige Aufnahme der Mutter des Herrn in den Himmel. Man nennt ihn auch den „Großen" oder „Hohen Frauentag", „Maria Ruh", „Maria Schlaf" oder „Auffahrtstag Mariä": ein Frauenfeiertag im ausgehenden Sommer, wenn die Getreideernte ihrem Ende zugeht.

Mittelalterliche Legenden berichten vom Tod, von der Aufnahme in den Himmel und der Krönung Mariens. Papst Pius XII. hat 1950 die leibliche Aufnahme Mariens als Dogma verkündet.

Wie viele andere kirchliche Hochfeste wurden im Mittelalter und in der Barockzeit die Ankunft Mariens im Himmel und ihre Krönung dem einfachen Volk im Gottesdienst in szenischer Darstellung gezeigt.

In der Marienverehrung wird die Jungfrau und Gottesmutter häufig mit einer Blume verglichen. Auf vielen Darstellungen trägt sie eine weiße Lilie als Symbol der Keuschheit. In der „Laurentanischen Litanei" wird sie als „geistliche Rose" bezeichnet. Manchen ganz irdischen Pflanzen und Tieren hat sie auch ihren Namen gegeben wie der Mariendistel, dem Marienblümchen, dem Frauenmantel, dem Marienkäfer oder dem Marienhaar.

Maria Himmelfahrt ist der Beginn des „Frauendreißiger", der Spanne bis zu den nächsten Marienfeiertagen am 8. und 12. September: eine Zeit, zu der die Heil- und Würzkräuter im besten Saft stehen und ganz besonders gesund und heilkräftig wirken sollen.

Der Ritus der Kräuterweihe gründet wohl auf einer Legende, nach der die Jünger Jesu, die sich auf den Weg machten, um das Grab Mariens zu besuchen, dort nur wundervoll duftende Rosenblätter und Kräuter statt ihres Leibs vorfanden. Damit erklären sich auch die weiteren Namen von Maria Himmelfahrt: „Maria Wurztag", „Büschlfrauentag" oder „Kräuterweihetag". Außerdem wurde im 10. Jahrhundert das Sammeln von Heilkräutern auf dieser christlichen Grundlage ausdrücklich erlaubt.

Früher sammelte man zum Binden der Boschen bis zu 99 verschiedene Kräuter, damit ja kein Heilkraut vergessen wurde. Heute begnügt man sich meist mit sieben oder neun bekannten Kräutern und Blumen. In die Mitte nimmt man entweder eine Königskerze, eine Sonnenblume oder einen Rohrkolben. Darum gruppiert man mit einem Segensspruch die restlichen Kräuter, dazu nimmt man oft noch andere essbare Pflanzen wie Salbei, Johanniskraut, Schafgarbe, Kamille, Hopfen, Baldrian, Tausendgüldenkraut, Pfefferminze, guter Heinrich, Lavendel, Fünffingerkraut, Schöllkraut, Spitzwegerich, Beinwell, Bärlauch, Mistel, Ringelblume, Schlüsselblume, Thymian, Taubnessel, Zinnkraut, Dill, Bohnenkraut, Blutwurz, Bertram, Gundelrebe, Kerbel, Krauseminze, Kümmel, Liebstöckl, Melisse, Petersilie, Wermut, Ysop und verschiedene Getreideähren wie Einkorn, Emmer, Dinkel, Hafer usw. Zuletzt kann man den Boschen noch mit Holler-, Voglbeer- und Haselnusszweigen ergänzen.

Die genutzten Gewürz- und Heilkräuter waren je nach ihrem Vorkommen regional verschieden. Mit jedem Boschen hatte man aber das Jahr über einen kleinen Vorrat an Heilkräutern. Die Mütter gaben beim Pflücken meist ihr Wissen an ihre Töchter weiter, welches Kräutlein für welches Wehwechen zu Hilfe genommen werden konnte. Man versuchte auch – neben vielen Fastenzeiten, die den Verdauungstrakt entlasteten, und ballaststoffreicher Nahrung –, mit der Verwendung von Heilkräutern vor der Einnahme von schnell wirkenden Medikamenten den Leib gesund zu erhalten.

Nach christlichem Verständnis soll die Weihe der Kräuterboschen verdeutlichen, dass Gott uns die Heilkräfte der Natur geschenkt hat, auf dass wir sie zu unserem Wohl einsetzen. Bei uns in Altbayern hat man das so verstanden: Um die Wirkung der Heilkräuter zu sichern und vielleicht noch zu erhöhen, trug man sie zum Weihen in die Kirche.

Auch für das Vieh im Stall wurde das ein oder andere Kraut gesammelt und bei Krankheit ins Futter gemischt.

Aufbewahrt wird der „Bosch'n" unter dem Vordach gegen Blitzschlag, aber auch über der Stubentüre, im Herrgottswinkel oder im Stall – von dort soll sich das ganze Jahr lang sein Segen über Haus und Hof ausbreiten.

Früher hat man auch zum Ausräuchern von Haus und Hof geweihte Kräuter verwendet.

Heiliger Rochus – 16. August

Der heilige Rochus, ein armer Mann aus Montpellier, pilgerte nach Rom zum Heiligen Vater und pflegte dort Pestkranke, bis er selbst erkrankte. Mit seiner Krankheit und den Schmerzen zog er sich in eine Hütte in einem abgelegenen Wäldchen zurück und soll dort von einem Engel umsorgt und gesund gepflegt worden sein. Auf dem Heimweg nach Rom wurde er irrtümlich als Spion in einen Kerker geworfen, wo er 1327 starb. Erst nach seinem Tod soll man ihn an einem kreuzförmigen Muttermal als harmlosen Pilger erkannt haben.

Der heilige Rochus ist einer der Vierzehn Nothelfer, ein mächtiger Pestpatron und Schutzherr der Pilger. In vielen Dorfkirchen steht er als Figur mit seiner Pestbeule am Oberschenkel.

Heiliger Bartholomäus – 24. August

Bartholomäus war einer der zwölf Apostel. Er verbreitete die Lehre Jesu Christi in Arabien, Armenien und Indien. Am Ende erlitt er den Martertod, indem ihm die Haut bei lebendigem Leibe abgezogen wurde – sagt die Legende. Er ist der Schutzpatron der Fischer und Schäfer. Sein Gedenktag ist häufig das Datum für Fischerfeste, Fischerstechen und Schäferläufe.

Dass der Barthelmarkt in Oberstimm ein so erfolgreicher Pferdemarkt wurde, lag wohl weniger am Schutzpatron als an dem guten Termin kurz nach der schwersten Erntearbeit: Nun wurden am Hof die Pferde nicht mehr allesamt so dringend gebraucht. Nebenbei diente ein Verkauf am Ende des Sommers der Schonung der Futtervorräte, auch hatte man genügend Zeit, um neue junge Pferde für die Arbeit bei der nächstjährigen Ernte abzurichten.

Ehemals mussten die Wirte ihren Gästen am Bartholomäustag frischen Most vorsetzen. Wenn der Wirt das nicht konnte, verlor er das Schankrecht für das laufende Jahr. Damit hängt der altbayerische Spruch zusammen: „Dem zoang mas, wo der Bartl den Most holt."

Leben in Bayern: 'S Hopfabrocka

Ein bis zwei Wochen nachdem sich die ersten Schwalben zu ihren Übungsflügen auf den Telefondrähten sammelten und die ersten Frühäpfel schon geerntet waren, machte sich früher ein buntgewürfeltes, vergnügtes Völkchen aus ganz Bayern auf den Weg in die Hallertau. Vielen Familien aus den industriearmen Gegenden Bayerns wie dem Bayerwald und dem Donaumoos, aber auch aus den Arbeitervierteln der Großstädte bot das Hopfenzupfen ein willkommenes, oft notwendiges Zubrot zum Familieneinkommen. Auch die Kinder waren dabei und konnten sich in dieser Zeit einmal richtig sattessen.

Auf geschmückten Leiterwagen wurden die „Hopfabrocker" am Bahnhof abgeholt. Die meisten Leute kamen alle Jahre wieder zum gleichen Bauern. Lustig und singend fuhren sie durch die abgeernteten Getreidefelder und rankenden Hopfengärten den Dörfern zu. Nachdem sich jeder im Heustadl eine Schlafstätte hergerichtet hat-

te, versammelte man sich bei der Bäuerin zum zünftigen „Einstands-mahl".

Vom ersten Tageslicht an bis zur Dämmerung zogen sie dann zwei bis drei Wochen lang täglich in den Hopfengarten. Das Essen wurde aufs Feld gebracht und dort verzehrt. Für jeden abgelieferten „Met-zen" (60-Liter-Kübel) gab es ein Hopfenzeichen, das am Ende der Kampagne in bares Geld umgetauscht wurde – je mehr „Metzen", desto höher am Ende der Verdienst.

Im Hopfengarten und auch beim spätabendlichen „Hoagarten" im Heustadl hat man dann gesungen und Geschichten erzählt oder auch mal zu den Klängen eines „Fotzhobels" getanzt.

Den Schluss der Ernte bildete ein ausgiebiges Hopfenmahl mit Musik, Gesang und Tanz. Am nächsten Tag wurde das Brockervolk mit einem Sträußchen am Hut und dem Verdienst im Sack wieder zum Bahnhof gebracht.

Die Hopfendarre zum Trocknen der Ernte musste in dieser Zeit Tag und Nacht beheizt werden und lief durch. Der süßliche Duft des Hopfens lag dann auch über der Schrobenhausener Vorstadt und verdrängte den Schwefelgeruch der Papierfabrik.

Schon lange bevor die Arbeitskräfte knapp wurden, haben mo-derne Maschinen die Zupfarbeit übernommen.

St. Michael, der Ernteheilige – 29. September

Stichtag und Dienstbotenwechsel

Im Heiligenkalender der Kirche ist der 29. September dem Erzengel Michael und der Engelweihe vorbehalten. Das war nicht immer so. Es gab eine Zeit, da war im Mai Michaelitag. Erst im Mainzer Konzil anno 813 wurde der 29. September als Festtag für den in Deutschland sehr beliebten, unüberwindlich starken Streiter für Gott und Christenheit festgesetzt.

Solange die bäuerliche Bevölkerung in Abhängigkeit von ihren

Lehnsherren, seien es Klöster oder Adelshäuser, lebte, war das der Termin, zu dem die Bauern ihre Abgaben entrichten mussten. Ebenso wurden auch die Zehentrechte fällig.

Bis vor wenigen Jahrzehnten war es noch üblich, dass die Bauern ihre Einkäufe an Maschinen und Geräten nur einmal im Jahr an Michaeli tätigten und ihre Handwerkerrechnungen gebündelt an Dreikönig ausglichen. Bis Michaeli hatten die Bauern die Getreideernte längst eingebracht. Die schwere, schweißtreibende Sommerarbeit war vorbei, man hatte wieder Zeit für andere Aufgaben. Die Leute richteten sich auf den ruhigeren Winter und das reduzierte Arbeiten bei weniger Tageslicht ein.

Der Michaelstag war einer der größten Bauernfeiertage. Früher war er neben Lichtmess der zweite Tag für den Dienstbotenwechsel. Das Auflösen von Arbeitsverhältnissen außerhalb dieser beiden Termine kam praktisch nicht vor. Einerseits verabschiedeten sich an Michaeli die letzten Saisonarbeiter, andererseits konnten nun normale Arbeitsverhältnisse aus den verschiedensten Anlässen aufgelöst werden. Gründe waren oft die Aussicht auf eine bessere oder zumindest besser bezahlte Stelle, Streit am Hof, wenig oder schlechtes Essen, Faulheit der Dienstboten oder die Militäreinberufung eines Sohnes oder Knechts und nicht zuletzt die Fülle an möglichen familiären Gründen.

Leben in Bayern: 'S Eardäbfe Klaubn

Der Anbau von Kartoffeln war mühsam und schwer und zog sich über das ganze Jahr hin. Im Frühjahr begannen die Arbeiten mit dem Öffnen der „Erdäpfegruam" (Kartoffelmiete) und dem „Ausklauben" angefaulter oder angefressener Knollen. Gleichzeitig hat man sie sortiert in Saat-, Speise- und Futterkartoffeln.

Vor dem „Legen" wurden die Saatkartoffeln halbiert oder gar geviertelt, wobei man stets darauf achtete, dass die Teilstücke genügend „Augen" aufwiesen. Saatzeit der Kartoffeln:

Legst mi im April,
na kim i wann i will.
Legst mi im Mai,
na kim i glei.

Auf dem Feld hat man mit dem Pflug möglichst gerade Furchen gezogen, diese mit der Gabel mit Mist ausgelegt und mit etwas Erde abgedeckt. Danach wurden die Saatstücke von Hand und mit den Keimaugen nach oben in die Erde gesteckt. Mit „Erdäpfe-Haun" oder mit einem Pflug mit Erde in Form eines „Bifang" (Erdwall) wurde die Saat dann abgedeckt. Während der Wachstumsperiode musste noch mehrmals mit Hacke oder „Striegel" Unkraut gejätet und mit einem Pflug die „Bifänge" wieder angehäufelt werden.

Ende September bis Anfang Oktober hat man erst das Kartoffelkraut mit einer Sense abgemäht, die Kartoffeln mit einer Gabel oder einem Krail ausgegraben und oben liegen gelassen. Nach dem Abtrocknen wurden sie, wieder von Hand, in Körben gesammelt und auf einen Truhenwagen geladen. Auf dem Hof befüllte man über eine Holzrutsche erst den Kartoffelkeller. Für den großen Rest hat man meist neben oder hinter der Scheune eine Grube ausgehoben und mit Stroh und Erde zu einer Miete abgedeckt.

Beim Einsammeln ließ man oft bis zu einem Zehntel auf dem Feld liegen für die Familien der Tagelöhner („Daogwerker") und die Dorfarmen.

Wenn das Kartoffelkraut getrocknet war, trug man es auf dem Feld zu einigen Haufen zusammen und verbrannte es. Einige Kartoffeln, die da oft noch rumlagen, wurden mit ins Feuer gelegt. Der Rauch dieser Kartoffelfeuer war weitum zu sehen und zu riechen. War das Feuer dann heruntergebrannt, hat man die schwarzen Knollen herausgeholt, aufgebrochen und den heißen Inhalt aus der Schale gedrückt. Dieser Geruch und Geschmack ist ganz besonders und kitzelt jeden am Gaumen, der Kartoffeln schon einmal so gegessen hat. Es gibt kaum was Besseres. Danach sieht man im Gesicht aber meist so aus wie am „rußigen Freitag" – beim Viehhüten war das den Buben früher egal.

Heute erledigt den ganzen Erntevorgang eine Maschine mit zwei Personen, bei einer vielfachen Leistung und trotz hoher Genauigkeit in einem Bruchteil der Zeit.

Der Weg der Kartoffel nach Bayern

Die Kartoffel ist in den südamerikanischen Anden, dort „Papas" genannt, zuhause und den Inkas schon seit etwa 6.000 Jahren als Nahrungsmittel bekannt. Die Spanier haben sie dort als Kulturpflanze gefunden und um 1560 nach Europa gebracht. Schon 1588 züchtete ein Wiener Arzt Kartoffeln in gößerem Stil und in der Folge wurde die Knolle an vielen Fürstenhöfen und botanischen Gärten als Zierblume angebaut.

1694 klagte der Pilgramsreuther Pfarrer Keppel beim Hofer Landgericht auf Zehentabgabe auch auf alle angebauten Kartoffeln, obwohl diese zu der Zeit nicht auf den Zehentlisten aufgeführt waren. Den Schriften der Verhandlung zufolge baute der Bauer Hans Rogler aus Pilgramsreuth im Fichtelgebirge schon 1647 feldmäßig Kartoffeln an. Irgendwann in der Zeit zwischen 1630 bis 1635, also mitten im Dreißigjährigen Krieg, muss Rogler im böhmischen Roßbach von einem holländischen Soldaten aus Brabant seine ersten Kartoffeln erworben oder sonstig erhalten haben.

Gerade in den kargen Mittelgebirgsgegenden, wo das Getreide nicht so gut gedeiht, fühlt sich die Andenpflanze wohl und wurde schon bald für manche zur Überlebensfrucht. Auch während der beiden Weltkriege waren für viele Leute Kartoffeln die Grundlage, um diese Zeiten zu überleben.

Der Mann, den die Medien für die Einführung der Kartoffel in Deutschland feiern, tat dies nur für Preußen: Als Friedrich der Große 1712 geboren wurde, hat man in der kargen Oberpfalz schon seit mindestens zwei Generationen die Kartoffeln feldmäßig angebaut und war auf die Anschubhilfe des späteren preußischen Königs nicht mehr angewiesen.

Jahrzehntelang waren das nordwestliche Schrobenhausener Land und das Donaumoos führend in ganz Mitteleuropa in der Kartoffelveredlung und der Saatkartoffelvermehrung. Güterdirektor Wolfgang Mottl aus Sandizell galt international als der „Kartoffelpapst".

'S Einwintern: d'Erdäpfegruam

Da man die Saatkartoffeln erst im Frühjahr „legen" kann und Speisekartoffeln nach der Winterzeit auch bessere Preise erzielen als im Herbst, lagerte man einen Großteil der Kartoffelernte vor dem ersten Winterfrost sicher ein. Kartoffelscheunen oder große Keller gab es noch nicht, weshalb man eine sogenannte „Erdäpfegruam" baute. Auf jedem Hof fand man neben oder hinter der Scheune oder auf einem nahen Acker eine Kartoffelmiete, einen langen, dachförmigen Erdhaufen. Für die „Gruam" hob man eine Grube von ein bis zwei Schaufelblatttiefen und von einer oder eineinhalb Schaufelstiellängen Breite und der nötigen Länge aus. Zur Arbeitserleichterung hat man den Boden vorher oft mit dem Pflug gelockert.

Mit einer „Erdäpferutschn", die bis zur Mitte der trockenen Lagergrube reichte, und einer Kartoffelgabel wurden die „Erdäpfel" aufgeschüttet. Den länglichen Kartoffelberg bedeckte man beiderseits mit trockenem, aufsteigendem Stroh und dazu erst einmal mit einer dünnen Erdschicht. Nach dem Abtrocknen verstärkte man die Schicht auf eine Schaufelblattlänge. Zum Ausdünsten blieb sie oben erst noch eine Schaufelbreite offen. Zum Abdecken bei Regen hielt man ein Brett bereit. Vor dem ersten Frost wurde dann auch der First mit Erde zugedeckt. Bei feuchten Boden musste man kleine Lüftungen miteinbauen. Das Anlegen einer „Erdäpfegruam" war schon eine Kunst, die dafür sorgte, dass die Kartoffelernte den Winter möglichst unbeschadet überstand.

Erntedank und Erntebrauch oder 'S Eikemat

Wenn das letzte Getreide eingebracht war, feierten die Bauern am Abend die „Hoabernacht" mit kräftigem Essen. Das ganze Gesinde, Knecht, Dirn und Magd, freute sich sehr darauf.

Wir feiern heute ein Erntedankfest, das auf den ersten Blick nur mehr für eine vergangene bäuerliche Gesellschaft gelten mag. Vielleicht sind sich aber heute noch die Bauern am ehesten bewusst, dass sie für ein gutes Gelingen ihrer Arbeit auch Gottes Segen brauchen. Auch die Hausgärtner spüren bei ihrer Mühe noch etwas von der tiefen Verbindung von Klima, Boden, Saat, Witterung, Düngung, Pflege und Ernte. Das ist das geistige Vorfeld des Dankes.

Die ältesten Bräuche überhaupt sind mit der Ernte verbunden. Überall in den landwirtschaftlichen Gebieten Europas werden zum Abschluss der Erntezeit Erntedankfeste veranstaltet. Oft gab es auch ein Erntemahl mit Tanz. Schon im 3. Jahrhundert soll Papst Calixus und im 8. Jahrhundert der Frankenkönig Pipin Dankgottesdienste für gute Ernten angeordnet haben; früheste Belege für Erntedankfeiern datieren auch aus der Zeit Pipins. Aus dem 15. Jahrhundert gibt es Nachweise aus Klöstern über Dankvotivmessen, die meist zur Tagundnachtgleiche (23. September) gefeiert wurden.

Unter dem Einfluss des protestantischen Pietismus wurde das Erntedankfest zu einer Institution. Während die evangelische Kirche stets am ersten Sonntag im Oktober feierte, hatte die katholische Kirche lange keinen festen Tag vorgesehen: Früher nahm man wohl oft den Michaelitag als Termin, heute ist es seit der Bischofskonferenz 1972 meist allgemein der erste Oktobersonntag.

Die Abhängigkeit von der Witterung bleibt, auch wenn die heutige Feldarbeit nicht mit der in früherer Zeit zu vergleichen ist: So werden Erntedankgottesdienste und -feste immer noch begangen. Man lässt als besonderes Zeichen des Dankes gerne eine handgebundene Erntekrone weihen und Feld- und Gartenfrüchte in der Kirche segnen.

Die Getreidefelder werden heute von gewaltigen Mähdreschern beherrscht, die in einem einzigen Arbeitsgang die vielen einzelnen Phasen des Mähens, Dreschens, Rollens, Bindens, Aufstellens und Aufladens maschinell zusammenfassen. Das Stroh fällt abgepackt und transportbereit heraus und das Korn wird herausgeblasen auf bereit gestellte Wagen und kann sofort eingefahren oder verkauft werden. Oft genügt die Arbeit eines Mannes, um die größten Flächen bis zur Mühlenreife abzuernten.

Im Warenhaus merkt man nichts mehr von Boden, Saat, Düngung, Wachstum, Frucht und Ernte und der menschlichen Arbeit. Das Wort Hunger ist uns kaum noch bekannt. Man kauft die wohlverpackte Ware und konsumiert. Wir sind alle eingespannt in das festgelegte Schema: Leistung, Produktion und Konsum. Wir fühlen uns gesichert und versorgt – an die vergangene „Kultur" erinnert sich kaum noch jemand. Wer weiß noch aus eigenem Erleben, wie das Schneiden der Frucht mit der Sense, das Binden der Garben und das Dreschen am „Deina" vor sich ging?

Wir haben allen Grund, ein Fest des Dankes zu feiern. Wenn Schenken und Danken fragwürdig werden, steht es nicht gut um uns Menschen. Das Erntedankfest bleibt, wenn auch in Form und Wort etwas gewandelt, Ausdruck des dankenden Glaubens. Es vollzieht sich in jeder Eucharistiefeier, aber auch schon beim sinnvollen, dankenden Tischgebet. Mit größter Selbstverständlichkeit beten wir im „Vater unser": „Unser täglich Brot gib uns heute."

Der neue Gartentrend bringt uns der Natur auch wieder ein wenig näher. Gärtnern nach dem Mond und anderes sind vielleicht Zeichen dafür. Auch der wachsende Markt der ökologischen Landwirtschaft steht im Zeichen der Rückbesinnung.

Oktober, goldener Monat

Im Oktober, dem goldenen Monat, zieht die Natur Bilanz. Bald sind die letzten Früchte eingefahren und die Bauern freuen sich, dass die meiste Arbeit, Mühe und Plage hinter ihnen liegt. Auch der Garten wird aufgeräumt, die Blumenkästen werden geleert und die Blumenkübel ins Haus geholt. Das Laub färbt sich, die Natur bereitet sich auf den Winter vor. Im Herrgottswinkel hat man ein paar schöne Mooskolben aufgesteckt. Am Sonntag nach Michaeli feiert man ein Erntedankfest.

Wenn um den 20. Oktober herum die Tage noch einmal sommerlich warm werden, spricht man vom Altweibersommer. Junge

Spinnen werden dann oft vom Winde umhergeweht und hinterlassen hauchdünne Spinnfäden, auf denen sich kleine Tautropfen anhängen. Bei uns in Bayern nennt man sie auch „Marienseide", „Frauensommer" oder „Liebfrauenfaderl".

Vom Namenstag St. Ursula am 21. Oktober sagt man:

> Urschl tuas Kraut rei,
> sonst schneibst drei.

Im Oktober geht man, wenn das Wetter passt, auch gerne wieder Wallfahren, vor allem an den ersten drei Samstagen, die man auch die goldenen nennt.

Das Hauptfest im Oktober und im ganzen Bauernjahr ist der „Allerwelts-" oder „große Kiarda", den die Obrigkeit auf den dritten Sonntag im Oktober gelegt hat.

Rosenkranzsonntag und Rosenkranzfest

Der erste Oktobersonntag ist auch der Rosenkranzsonntag. Am 7. Oktober folgt das Rosenkranzfest. Am Abend des Tags hat man früher zu Hause mit der Familie gemeinsam den Rosenkranz gebetet.

Heiliger Franz von Assisi – 4. Oktober

Kein anderer Heiliger rührt wohl die Leute so an wie der arme Tierfreund von Assisi. Geboren 1181/82 als Sohn des reichen Tuchhändlers Bernadone war er Anführer einer ausgelassenen Schar junger Leute, bevor er sich zu einem Leben in Armut strikt nach dem Evangelium bekehrte. Er pflegte einen Aussätzigen, freundete sich mit Tieren an und zog Buße predigend durchs Land. Den

Papst bat er um Anerkennung seines Franziskanerordens. Bei einer Vision hat ihm Christus seine Wundmale aufgedrückt.

Am 3. Oktober 1226 starb Franz von Assisi in Portiunkula im Kreis der Ordensbrüder.

Evangelist Lukas – 18. Oktober

Der Evangelist Lukas ist der Patron der Metzger. Sein Attribut ist der Ochse.

Heiliger Wendelin – 20. Oktober

Der heilige Wendelin war Schotte, stammte aus königlichem Hause und genoss eine gute Erziehung. Als junger Mann entsagte er seinem Stand und begab sich auf Wanderschaft. Auf dem Weg nach Trier überzeugte ihn ein Edelmann, dass arbeiten gottgefälliger sei als bettelnd durch die Lande zu ziehen. Er nahm Wendelin als Hirten in seine Dienste.

Jahrelang versah er getreu seine Pflicht im Umgang mit den Tieren, gab dieses Leben aber schließlich wieder auf, baute sich nahe dem Kloster Tholey eine Klause und ließ sich in den Orden des heiligen Benedikt aufnehmen. Viele Kranke und Bedrängte kamen zu Wendelin – auch mit ihren Tieren – und erfuhren durch die Kraft seines Gebets Hilfe und Heilung. Dann erwählten die Brüder von Tholey den Klausner Wendelin zu ihrem Vorsteher. Nach seinem Tod im Jahr 1015 wurde er am Ort seiner Klause beigesetzt. Bald zog das Grab eine Menge Wallfahrer an, die ihn als Fürbitter für Mensch und Vieh und zur Abwendung von Viehseuchen anriefen.

Wendelin ist ein hoher Schutzherr des Viehs und Patron des Bauernstands, dem in manchen Dorfkirchen ein Altar geweiht ist.

Ich bin zwar Bauer und Edelmann,
bau dennoch selbst mein Feld,
und wer den Bauern spotten kann,
ist mir ein schlechter Held.

Leben in Bayern: Kirchenwacht

In Ortschaften mit nur einem Sonntagsgottesdienst waren früher alle Leute gleichzeitig in der Kirche. Zum Schutz des Besitzes gegen plötzliches Feuer und Einbruch musste während dieser Zeit ein erwachsener, ehrlicher Mann durch das Dorf patrouillieren und aufpassen. Dabei hatte er einen Spieß und bei Dunkelheit auch eine Laterne. Bei Gottesdienstende war seine Pflicht erfüllt. Am nächsten Sonntag wanderten Spieß und Laterne zum Nachbarn.

Kirda – Kirchweih

Das schönste und wichtigste Fest im Bauernjahr war der „Kirda", die Kirchweih. Die eigentlichen Wurzeln des Kirchweihfests liegen in der Erinnerung an die Einweihung des Kirchenbaus, besonders der Pfarrkirche einer Gemeinde. So ist der Brauch seit 779 in Bayern nachweisbar.

Die Jahrtage der Kircheneinweihung wurden immer mit einem festlichen Gottesdienst in der besonders feierlich geschmückten Kirche gefeiert. Alle Leute aus der Umgebung kamen, auch die Pfarr- und Familienangehörigen, die den Ort schon verlassen hatten, reisten für den Feiertag an und wurden von den örtlichen Bauernfamilien üblicherweise zum Essen eingeladen. Die Arbeit ruhte an diesem Tag natürlich auch bei den Gästen zu Hause. So weiteten sich solche Feste immer mehr aus. Da die Kirchweih oft noch in die arbeitsreiche Saison der Ernte und der Vorbereitung auf den Winter fiel, waren vor allem die vom Wetter abhängigen Bauern und

Grundherren nicht gerade froh über das ständige Wachsen des Fests.

Die königliche Verwaltung Bayerns wollte, um die immer üppiger werdende Anzahl von Feiertagen einzudämmen, zu Beginn des 19. Jahrhunderts einen einheitlichen Kirda-Termin außerhalb der Arbeitssaison einführen und die katholische Kirche schlug den dritten Sonntag im Oktober vor. Nicht alle Diözesen haben das umgesetzt, die Diözese Augsburg und die kirchlichen Stellen in Altbayern aber schon. Seitdem gibt es die Allerweltskirchweih. Daneben behielten viele Pfarreien die kleine Kirchweih („Kloana Kirda") oder das Patroziniumsfest bei.

Obwohl der Kirda-Brauch von Ort zu Ort geringe Abweichungen aufwies, ist dieses Fest in Altbayern doch überall sehr ähnlich abgelaufen.

Josef Schlicht, Schlossbenefiziat von Steinach bei Straubing und in Geroldshausen bei Wolnzach geboren, ein zuverlässiger Gewährsmann bayerischen Brauchtums, hat den Ablauf des Fests beschrieben – ebenso wie der Pfaffenhofener Realschullehrer Anton Graf in seiner Dissertation und der Singenbacher Lehrer Werner Vitzthum; dazu kommen zahlreiche Berichte einfacher Bauern. Zusammengenommen geben sie einen guten Eindruck des Fests in der Zeit zwischen 1860 und 1939 wieder:

Schon ein paar Wochen vor dem Kirda wurden die Störleute wie Maurer, Sattler, Schuster, Schneider und Näherin ins Haus geholt, um Geräte, Hausrat und Kleidung instand zu setzen und auf Hochglanz herzurichten. Anfang der Vorwoche wurde das Schmalzgebäck wie „Schuchsen", „Vögerl", „Kirdanudeln" und allen voran die oft übers Knie geformten „Ausgezogenen" herausgebacken; ein wenig abgelegt, hat sich der Geschmack der „Kiacherl" noch verbessert. Mittwoch oder Donnerstag begann in aller Frühe der „Saustich", das Schlachten der „Kirda-Sau". Stuben und Kammern wurden gestöbert und geputzt. Auch den „Flez" hat man ausnahmsweise schon am Freitag „zammgwaschen" und Stroh aufgezettelt, auf dass er am Samstag nur noch gekehrt werden musste.

In der Küche wurde noch weiter gebacken, was das Zeug hielt. Auch am Samstag war in der Küche Hochbetrieb. Gänse und anderes Geflügel wurde geschlachtet, es musste auch mal der Baumann oder Oberknecht den Teig schlagen. Ein Knecht holte die Tafelmesser zum Schleifen zusammen. Der Bauer holte mit einem Pferdegespann vor dem „Gäuwagerl" ein Fass „Kirda-Bier" vom Bräu, natürlich dunkles, denn helles Bier entsprach damals nicht dem Geschmack der Bayern. Mittags wehte dann der „Zachäus", die Kirchenfahne, vom Kirchturm. Der Futtervorrat für die Feiertage wurde bereitgelegt, Geräte und Geschirr mussten in „blanker Wichs" stehen, liegen und hängen; so verlangte es die Hofehre.

Am Samstag gab es dann schon Fleisch und Bier zum Abendessen. Bis zum Zweiten Weltkrieg war es oft üblich, dass sich die jungen Leute am größten Bauernhof zum Tanzen und Singen trafen. In einem breiten „Hausflez" oder am „Deina" saßen sie, tanzten und sangen zu Melodien einer „Ziach" oder eines „Fozhobels". Mitmachen konnte jeder, auch alle, die sich bei Hochzeiten oder großer Tanzmusik noch nicht so richtig getraut hatten. Es war eine willkommene Gelegenheit, verschiedene Tänze und „Zwiefache" einzuüben.

Am Kirchweihsonntag machte sich alles im besten Festtagsstaat auf und ging zum feierlichen Dankgottesdienst in die geschmückte Pfarrkirche. Nach der Messe beeilten sich die „Weiberleut" ganz besonders, um schnell nach Hause zu kommen. Sie legten nur das Festgewand, das „Erst-Schöa", ab und machten sich im Unterkleid (ähnlich einem Dirndl) an die Arbeit. Beim Mittagsmahl bog sich dann der Tisch unter allem, was die Bäuerin hergerichtet hatte. Freunde und Verwandte aus der Stadt, Taglöhner und Häusler, die oft mitarbeiteten, die Ehalten und natürlich die ganze Familie ließen es sich gut gehen und mancher weitete sich den Magen über Gebühr. In der bürgerlichen Küche wurden meist Enten und Gänse aufgetischt.

Der Nachmittag gehörte der Unterhaltung und den Kindern. Das Gesinde hatte auf der Tenne, dem „Deina", an zwei Seilen oder

Ketten einen hölzernen „Laden", ein dickes Dielenbrett, an beiden Enden am Dachstuhl aufgehängt, also eine „Kirda-Hutschen" aufgebaut, und nach der Vesper treffen sich dort alle jungen Leute. Es wurde mit dem „Laden" der Länge nach geschaukelt. Sogenannte „Odaucher" sorgten für die Schaukelbewegung. Wenn dann noch ein Musikant dazu kam, wurde auch wieder getanzt.

Kirchweihmontag

Am Kirchweihmontag, dem „Nach-Kirda", ging man in die Messe für die Verstorbenen. Nachdem man wieder sehr reichlich zu Mittag gegessen hatte, besuchte man in größeren Orten den Kirda-Markt bzw. die Dult oder den Kramer zum „Lebzeltendrahn", bevor man ein Wirtshaus aufsuchte. Die Bauern unterhielten sich in der Stube oder spielten Karten, die jungen Leute vergnügten sich auf dem Tanzboden. Manchmal kam es auch zum Streit zwischen den Burschen und es entwickelte sich eine zünftige Rauferei.

Wenn keine Tanzmusik in der näheren Umgebung aufgespielt wurde, versuchte man sich mit Spielen wie Sackhüpfen, Balance-Lauf, „Prackln" (Hufeisenwerfen) oder anderem zu unterhalten. Die Kinder hatten am Montag auch noch schulfrei.

Der Kirda dauert vom Sunta bis zum lrda,
und wenn sichs tuat schicka, aa no bis zum Migda.

Die Städter gingen am Sonntag ins Gasthaus und verspeisten einen Gänse-, Enten- oder Spanferkelbraten als Kirchweihessen.

Die Bauern feiern den Kirchweihmontag heute kaum noch, weil es seit dem Zweiten Weltkrieg keine „Ehalten", also kein Gesinde, mehr gibt, das den Feiertag noch hochhalten würde. Eigentlich halten mittlerweile nur noch wenige Banken und Verwaltungen am freien Kirchweihmontagnachmittag fest. Die Bauern aber haben bis Kirchweih die Feldarbeit abgeschlossen, nun beginnt die Arbeit am Hof und die Planung für die nächste Feldarbeitssaison.

Allerweltskirchweih

An tieferem Sinn hat die Allerweltskirchweih leider viel verloren. Die Kirche misst ihr eigentlich den Rang eines Hochfests gleich Weihnachten, Ostern, Pfingsten und Fronleichnam zu; mittlerweile ist sie dennoch zu einem mittleren Fest wie viele andere abgerutscht.

Das weltliche Fest hatte sich bis zum Zweiten Weltkrieg auch in Oberbayern erhalten, in Franken wird es dagegen immer noch fast wie eh und je gefeiert. Die kirchliche Feier bildet zunehmend nur noch den Auftakt zu einem Volksfest.

Physikatsbericht von 1861 zur Kirchweih:

Die Kirchweihen werden auch hier als ein Hauptfest, meistenteils im Herbst, hierzulande am dritten Sonntag im Oktober gefeiert. Hier nämlich in sämtlichen Orten, welche zur Diözese Augsburg gehören, müssen alle Kirchweihen an einem angegebenen Tag gefeiert werden, nur in denjenigen Orten, welche in der Erzdiözese München-Freising sind, dürfen die Kirchweihen, wie dass es früher der Brauch ist, an den bestimmten Tagen, wie die Kirchen geweiht worden sind, gehalten werden. Auf die Kirchweihen werden von den Bauern gewöhnlich sämtliche Verwandte und Bekannte geladen, weshalb das ganze Haus geputzt, gereinigt und getüncht wird und man im Haus und Hof alles in den besten Stand setzt.

Auf den Kirchweihen ist das Hauptvergnügen das Essen und Trinken, was auch je nach den Kräften des Geldbeutels überall in dem reichlichsten Maße geschieht.

Sonntags schon früh vor dem Hochamte beginnt ein reichliches Frühstück den Festtag mit Würsten und Bier, von welcher Zeit an nur der Bierkrug den ganzen Tag hindurch gefüllt vorhanden sein muss. Jeder Bauer, wenn er es nur ein wenig vermag, holt sich in seinem eigenen Fässchen, den kurz vor der Kirchweih fallenden Donnerstage hier sein Bier, oder wer es nicht von den hiesigen Brauern nimmt, wie z. B. in solchen Gegenden, in welchen besonders herrschaftliche Brauereien sind, gewöhnlich an den vorhergehenden Freitagen und Samstagen. Dieses Fässchen Bier ist aber selten genug, denn oft vergeht kaum der Sonntag und das Bier ist schon ausgetrunken, so muss das Fass wieder gefüllt werden. Hier werde nun auch hoch geschmaust, und das Beste was man vermag aufgetragen, eine Hauptsache spielen Bier, die Kiachaln und Kirchweihnudeln nebst den Würsten aller Art, besonders aber darf Mittags die Fleischsuppe nicht fehlen und das Rindfleisch, dazu werden aufgetragen aller Art von Braten, Schweins- und Kalbsbraten, welche letztere aber selten sind. Gewöhnlich schlachten Bauern, wenn sie es nur ein wenig vermögen, zu diesem Feste ein eigenes Schwein, um Fleisch und Würste genügend zu haben, welcher Brauch aber immer mehr nachlässt, der Bauer sieht ein, dass es ihm billiger kommt, wenn er sein Fleisch, Würste usw. vom Metzger kaufe, daher sind es nur mehr die großen Ökonomen, welche viele Dienstboten haben, welche in dieser Zeit selbst schlachten.

Außer dem Essen und Trinken vergnügt sich vorzüglich das junge Volk mit Tanz, welcher auch Sonntags gleich nachmittags nach der Vesper seinen Anfang nimmt und die ganze Nacht hindurch dauert, ist länger als nun die Polizei dazu Erlaubnis hergibt. Die Tanzweisen im hiesigen Bezirk haben nichts Eigentümliches, es werden die gewöhnlichen Walzer getanzt, auch Polka schleichen sich hin und wieder ein, aber bei diesen Tänzen herrscht selten Ordnung, es tanzt alles zugleich im Saale herum, sodass es nur ein Herumstoßen, kein wahres Tanzen genannt werden kann.

Leben in Bayern: 'S Sauschlachten oder Schlachttag auf dem Bauernhof

„Am besten schmecken d'Erdäpfe", sagt der Bauer,
„wenn mas der Sau gibt."

Meist als Vorbereitung auf ein großes Fest wie Kirchweih oder Weihnachten war der Schlachttag als solcher für alle Hofbewohner schon ein Fest. Obwohl die Tiere am Hof stets mit Hingabe versorgt und gepflegt wurden und jeder Achtung und Respekt vor allem Leben hatte, schloss dies auch den Tod der Nutztiere zur Versorgung der Bewohner mit Nahrung mit ein. Viele Leute erinnerten sich ein ganzes Leben lang an dieses wichtige Ereignis. Das große Schlachten war möglichst nur bei Frostwetter angesagt, weil man bis in die 1950er Jahre noch keine wirklich effiziente Kühlung kannte. In der winterlichen Jahreszeit gibt es keine Fliegen und bei kühlen Temperaturen übertragen und vermehren sich auch Keime nicht so schnell.

Schon am Tag vorher mussten alle zusammenhelfen, dass am Schlachttag alles reibungslos ablaufen konnte. Aus dem Gerätestadl wurden der Saugalgen und der Sautrog geholt, gründlich gesäubert und gewaschen, ebenso wie der Waschkessel in der Waschküche neben dem Saustall, wo der „Erdäpfedämpfer" daneben stand. Auch das Pflaster vor der Waschküche wurde gereinigt und der Bauer holte beim „Brandmetzger" dessen Geräte wie Messergürtel, Fleischwolf usw. mit dem Gäuwagerl. Die Bäuerin ging noch zum Kramer, um dicken und dünnen Presssackpergamentdarm, einige Knäuel Wurstgarn, Brühpech, Pfefferkörner, Salz, Lorbeerblätter, Majoran und eine Schüssel mit groben Senfkörnern zu kaufen.

Einige Eimer und viele verschiedene Schüsseln wurden ausgewaschen und bereit gestellt.

Die Kindsdirn wurde geneckt: „Moing friah muaßt beim Schlachtn 's Sauschwanzal hoiddn oda duast liaba Bluatriahn?"

Am nächsten Tag wurde schon im Morgengrauen der Waschkessel angeheizt, noch vor dem Kartoffeldämpfer für das Schweinefutter. Dann wurde die alltägliche Stallarbeit erledigt. Die größeren Kinder hatten sich schon zur Schülermesse auf den Weg gemacht.

Die Schlachtsau bekam an diesem Morgen nur noch Wasser in den Futtertrog und wurde noch im Stall einmal abgewaschen.

Nachdem auch der Brandmetzger mit seinem Schussapparat am Hof angekommen war, wurde die Sau mit einem Strick am Hinterbein aus dem Stall geholt. Der Metzger band sich eine wasserdichte Schürze um und legte sich den Gürtel mit den Messern und dem Wetzstahl um. Alle Geräte, Schüsseln und Eimer standen bereit. Die Sau quiekte so laut, auch vor Hunger, dass alle Nachbarn unweigerlich mitbekamen, was hier vorging.

Der Metzger setzte den Schussapparat an der Stirn der Sau an und nach einem dumpfen Knall brach sie zusammen und zuckte noch ein paar Mal mit den Beinen. Ein feiner Faden aus Blut rann auf das Pflaster. Schnell wurde eine große Schüssel hergereicht und der Metzger öffnete mit einem gezielten Stich die Halsschlagader. Eine weitere Schüssel war nötig, um so viel als möglich von dem ausströmenden Blut aufzufangen. Mit einigen Pumpbewegungen an den obenliegenden Beinen versuchte man, auch den letzten Rest herauszubekommen: für Blutwürste, für den schwarzen Presssack und die Speckwürste. Das warme Blut musste sofort kräftig gerührt werden, auf dass es schaumig wurde und nicht klumpte oder gerann. Der Magd wurde schon ordentlich warm dabei.

Der Sautrog wurde geholt und daneben gestellt, das Schwein hineingehoben und mit Brühpech eingerieben. Nachdem es noch mit viel heißem Wasser übergossen worden war, schrubbte ihm der Metzger mit einer grobgliedrigen Kette die Borsten von der Haut. Dabei wendete er den schweren Körper des Schweins immer wieder, damit er rundum sauber wurde. Eine schwere Arbeit, die auch Geschick und Können verlangte. Mit einer „Sauglocke", einem trichterförmigen Blechhobel, wurden auch die letzten Borsten an den versteckten Stellen entfernt. Zwischen Sehne und Knochen wurden dann die Hinterbeine aufgeschnitten, sodass man das Schwein dort auf dem Galgen aufhängen konnte. Eine schwere Arbeit war es nun, den gewichtigen Körper an den Galgen zu hängen. Etwas leichter ging es, wenn man den Galgen umlegte, das Schwein daran hängte und beides zusammen aufrichtete.

Mit heißem Wasser reinigten die Frauen das Pflaster und kehrten es gleich wieder ab, dass es nicht glatt fror. Ein Wanne wurde unter das aufgehängte Schwein gestellt. Mit einem Messer öffnete der Metzger das Schwein und schon quollen die dampfenden Eingeweide heraus und wurden in der Wanne aufgefangen. Danach spaltete der Metzger mit dem Beil das Rückgrat und teilte das Schwein in zwei Hälften. Damit war die schwerste Arbeit getan.

Der Metzger entleerte dann die Eingeweide und putzte im Wasser die Därme beiderseits sehr sauber, damit er später Wurst einfüllen konnte. Die Innerreien mussten auch ausgewaschen, alles in frisches Salzwasser eingelegt und in der Waschküche zur Seite gestellt werden. Ein kleiner Schnaps wärmte und weckte die Lebensgeister.

Der Metzger nahm anschließend eine Schweinehälfte vom Haken und legte sie auf einen Tisch. Die Füße für die Knöcherlsulz wurden noch besonders geschabt. Auch der Kopf und andere Kleinteile wurden noch einmal extra gereinigt und für das Kesselfleisch hergerichtet. Bevor das Fleisch zerteilt wurde, kam noch der Fleischbeschauer vorbei, um das Fleisch zu prüfen, ob es auch zum Verzehr geeignet war. Nach dem Stempeln wurde das Fleisch erfolgreich zum Verzehr freigegeben. Der erste Schluck Bier wurde gerelcht.

Inzwischen dampfte es schon sehr appetitlich aus dem Wurstkessel und die Bäuerin brachte einen Topf, in den der Metzger die verschiedenen Teile des Kesselfleischs und die Kesselsuppe einfüllte. In der Stube gab es dann für jeden Kesselfleisch mit Salz, Pfeffer, Majoran, Brot und Bier.

Jetzt wurden die Schweinehälften weiter zerteilt: zuerst die Stücke, welche in die Räucherkammer kamen, dann die Teile für die Küche wie Schnitzel, Kotelett, Braten usw. Der Rest wurde verwurstet oder zu Sülzfleisch weiterverarbeitet.

Wenn die Kinder von der Schule heimkamen, führte ihr erster Weg in die Waschküche, wo der Metzger gleich jedem einige Stücke vom Kesselfleisch auf einen Teller legte und Salz, Pfeffer sowie Brot dazugab. Ein kleiner Witz noch: „Stellts euch vor, mitten unterm Schlachten ist die Sau gestorben!" – und schon wurde weitergearbeitet: Fleisch und Speck für die verschiedenen Wurstarten klein schneiden oder durch den Fleischwolf drehen und würzen macht viel Arbeit. Dann wurden die gereinigten Därme mit verschiedenen Wurstmassen gefüllt, jeweils mit Wurstgarn abgebunden und in den leicht siedenden Kessel gelegt. Einer musste aufpassen, dass der Kessel nicht kochte. Wenn es aber doch einmal passierte, platzten oft einige Würste auf und die Suppe wurde noch schmackhafter und gehaltsvoll.

Die Bäuerin portionierte in der Küche die Schweinsknöcherl auf die verschiedenen Teller. Zum Auskühlen und Ablagern wurden die Fleischstücke auf ein Backbrett gelegt. Am nächsten Tag wurde das Fleisch „eingesurt" (eingepökelt), also in Salz und Gewürze in einen Holzzuber eingelegt, und mit einem Stein beschwert. Später wurde es dann geräuchert und somit länger haltbar. In einem anderen Zuber wurde das Fleisch mit Knochen eingepökelt.

Die Arbeit des Metzgers ging nun langsam zu Ende. Er reinigte noch seine Geräte und schärfte seine Messer nach. Für die eigene Familie durfte er sich noch ein Päckchen mit Fleisch einpacken, bevor ihm die Bäuerin ein Haferl Kaffee und ein süßes Gebäck oder einen „Zopf" mit Marmelade auf den Tisch stellte.

Die Frauen schöpften die Kesselsuppe in einen Großen „Haofa" oder eine Kanne und reinigten Kessel, Tisch, Boden sowie Sautrog und Galgen. Im Hof wartete schon der Nachbar auf das Werkzeug des Metzgers, damit der am nächsten Tag bei ihm ebenfalls eine Schlachtung machen konnte.

Ein Obstler für den Metzger, für Bauer und Bäuerin beschlossen den Schlachttag und „Moing, wennst du beim Nachbarn firdde bisd, hoisd da no a baor Wiarschd zum probian", sagte der Bauer.

Zum Schluss bliesen die Buben, oft auch ein Knecht oder der Bauer selbst, die „Saublaodern" auf und hängten sie zum Trocknen an die Ofenstange. Sie waren begehrt – nicht nur als Spielball, sie dienten den Bauern auch zur Aufbewahrung seiner „Suibalinge" oder für seinen geliebten „Schmai" (Schmalzler/Schnupftabak), der darin angeblich besonders „gschmackig" und frisch blieb.

Halloween – 31. Oktober

Das wilde Fest der toten Seelen

Der Name leitet sich vom englischen „All Hallows' Eve", also vom Abend vor Allerheiligen, ab. Irische Einwanderer brachten Mitte

des 19. Jahrhunderts das keltische Halloween nach Amerika mit –
dazu gehörte eine Geschichte, die der vom bayerischen „Brandner
Kaspar" sehr ähnlich ist: Die Legende machte den Hufschmied und
Säufer Jack Oldfield erst populär.

Jack hatte demnach den Teufel zweimal überlistet und ihm das
Versprechen abgenommen, ihn nicht in die Hölle zu holen. In den
Himmel wurde der saufende Betrüger aber nach seinem Tod auch
nicht aufgenommen, weshalb seine Seele seitdem ruhelos umher-
wandern soll, nur begleitet von einem Stück glühender Kohle, das
ihm der Teufel spendierte, damit Jack wenigstens ein Licht habe.
Um sich die Finger nicht zu verbrennen, steckte Jack die Kohle in
eine ausgehöhlte Rübe, die sich in Amerika, in kürbisreichen Gegenden, in einen solchen verwandelte: Aus Jack Oldfield war Jack
O'Lantern geworden.

Halloween-Freunde schnitzen auch hierzulande mittlerweile
gern gruselige Gesichter in Kürbisse. und beleuchten die Ergebnis-
se von innen mit Kerzen.

Heute ist bei uns mit dem Fest auch ein Heischebrauch verbunden: Es werden Gaben oder Geld verlangt. Mit dem Spruch „Süßes
oder Saures" und mit einer gruselige Maskerade, die das Selbstbe-
wusstsein unterstützt, zieht man von Haus zu Haus.

Gruselpartys am Tag und in der Nacht vor Allerheiligen machen
es schwierig, den Kinder Ehrfurcht vor dem Tod und dem Gang
zum Friedhof nahe zu bringen, auch wenn Halloween ursprünglich als Fest des Andenkens an die toten Seelen gedacht war.

Früher, als es noch Futterrüben gab, haben bei uns die Buben im
Herbst – beim Kühe Hüten oder am Abend in der Stube – gern eine
wilde Fratze in eine frische Futterrübe geschnitten, sie ausgehöhlt,
oft auch eine Kerze hineingestellt und die so präparierte Rübe vor
die Haustür oder auf eine der Zaunsäulen am Tor gestellt. Ein Bet-
telbrauch oder gar eine Teufelslegende waren damit allerdings
nicht verbunden.

Reformationsfest – 31. Oktober

Am 31. Oktober feiern die evangelischen Christen den Beginn der „kirchlichen Erneuerung" bzw. der protestantischen Bewegung. Martin Luther soll an diesem Tag 1517 seine berühmten 95 Thesen an das Tor der Schlosskirche in Wittenberg geschlagen haben. Es wird heute allerdings vermutet, dass dieser Anschlag so nie stattgefunden hat; als gesichert gilt, dass Luther an diesem Tag seine Thesen an seine Lehrer verschickt und damit verbreitet hat.

Allerheiligen – 1. November

Das Fest Allerheiligen zu Ehren aller christlichen Märtyrer wurde eventuell schon im 4. Jahrhundert, mindestens aber 856 n. Chr. von Papst Gregor IV. in Rom ins Leben gerufen. Im 9. Jahrhundert kam es über Irland und England zu uns nach Mitteleuropa und wird seither am 1. November gefeiert. Allerheiligen ist der erste von mindestens zwei Tagen im November, an denen die katholische Kirche zu Besinnung, Gedenken und Einkehr mahnt. Die katholische Christenheit gedenkt aller Heiligen, Seligen, Verehrungswürdigen und schon vergessenen Großen der Kirche.

Leben in Bayern: Hoagartn

Ursprünglich war mit dem „Hoagartn" wohl eine Unterhaltung auf der Hausbank im Vorgarten oder im Bauersgarten neben dem Wohnhaus am Sonntagnachmittag gemeint, aber auch das gelegentliche, meist zufällige Treffen der Bauern beim Dorfschmied oder beim Wagner. Heute denkt man dabei meist an die abendlichen Treffen der Mädchen und Mägde zum Spinnen und Handarbeiten während der Winterzeit in der warmen Stube eines Bauernhofs.

Nach Allerheiligen, wenn die Felder bestellt, Kartoffel und Kraut im Keller oder in der „Gruam" eingelagert waren und draußen schon bald die Dunkelheit hereinbrach, wurden Spinnräder, Rocken und Haspeln vom Dachboden geholt und in der großen Stube aufgestellt. Ein-, zwei- oder dreimal in der Woche trafen sich die „Bauernmadln", Mägde und manchmal auch jungen Bäuerinnen in einer großen Stube zum gemeinsamen Arbeiten, Reden, „Ratschn" und „Tratschn". Jede hat ihr eigenes Spinnrad mitgebracht. Viel gab es zu erzählen. Aber unter den Bauern machte auch der Spruch die Runde:

An Summa muaß ma d'Weada firchtn,
an Winta den Tratsch vom Hoagartn.

Die Hofbäuerin brachte hin und wieder eine Schüssel mit Äpfeln, Birnen, Klezen, Huzln oder Bratäpfeln, der Austragler vielleicht einen Hut voller Nüsse oder der Bauer einen Krug mit neuem Most zum Probieren.

Später zog es auch die Bauernburschen und die Knechte in die Gesellschaft der Mädchen. Da wurde manche Neuigkeit oder manches Märchen erzählt oder die Burschen zeigten Kraftstückerl wie Fingerhakln, Faustschieben und Armdrücken, aber auch Spiele wie „Schneida, leich mia dei Schaar", „Pantoffelrutschn" usw. Manches Lied hat durch die Hoagartn überlebt. Auch Gruselgeschichten hat man gerne erzählt, damit sich die jungen „Deandl" auch recht fürchteten. Zu vorgerückter Stunde hat man hin und wieder sogar getanzt. Nicht zuletzt deshalb hat der ein oder andere Pfarrer wohl die Hoagartn verboten.

Zum Schluss meinte dann einer vielleicht: „Leit, gengts hoam, dass d'Leit ins Bett geh kinna" und alle haben sich schon auf den nächsten „Hoagartn" gefreut.

Allerseelen – 2. November

Einen Tag nach Allerheiligen gedenkt die katholische Kirche der armen Seelen mit dem Allerseelenfest, das um 998 in Klöstern erstmalig gefeiert wurde. Im römischen Kalendarium erschien es aber erst im 14. Jahrhundert. Schließlich erlaubte Papst Benedikt 1915, dass jeder Priester an diesem Tag drei Heilige Messen zelebrieren darf, wie zu Feiertagen.

Allerseelen ist nicht nur ein Tag des Erinnerns, sondern auch der aktiven Trauer um geliebte verstorbene Angehörige und Freunde. Obwohl die Gedenktage für die Toten schon lange Bestandteil des christlichen Lebens sind, kann man hier auch ganz modern von Trauerarbeit sprechen. Leben und Tod bedingen einander: Der Glaube erleichtert die Trauer: Andere gehen uns halt manchmal voraus.

Weil nur noch der Allerheiligentag ein gesetzlicher Feiertag ist, hat man den Gräberbesuch von Allerseelen auf diesen Tag vorgezogen. Am frühen Nachmittag findet in der Pfarrkirche das Totengedenken mit Ansprache statt, das auch vom Kirchenchor gestaltet wird.

Bevor neue Friedhöfe auf offene Flächen vor den Stadt- oder Gemeindegrenzen verlegt wurden, zogen die Pfarrer mit ihrer ganzen Pfarrgemeinde nach dem Gedenken hinter Kreuz und Trauerfahne aus der Kirche zum Friedhof.

Die ganze Familie, von den Enkeln bis zu den Großeltern, versammelt sich um das Familiengrab. Eine Bläsergruppe spielt zu Beginn der Andacht den „Guten Kameraden" für die Gefallenen und nach einer Ansprache begibt sich der Pfarrer mit Kreuz, Fahne, Rauchfass und weiteren Ministranten, Mesner und geistlichen Mitbrüdern auf den Rundgang durch den Friedhof zur Segnung der Gräber. Vor oder nach der Gräbersegnung besucht man auch die Gräber von Verwandten und Freunden zu einem stillen Gebet.

Nach christlichem Verständnis können die Lebenden ihren Toten noch helfen, durch Gebet und Buße in den Himmel einzugehen.

Traditionell werden in der Woche vor Allerheiligen und Allerseelen die Gräber hergerichtet und geschmückt. Vor allem Pflanzen und Blumen machen dabei den Grabschmuck aus. Die Grabsteine werden gesäubert, die Laternen hergerichtet, die Weihwasserkessel ausgewaschen und mit Weihwasser aufgefüllt und weitere Lichter aufgestellt. Die Friedhöfe verwandeln sich in ein Blumenmeer.

Am Allerseelentag gedenkt man in der Eucharistie der Toten der Gemeinde in besonders feierlicher Weise zum Zeichen des Glaubens an die Auferstehung. In manchen Pfarreien werden die Namen der im letzten Jahr verstorbenen Gemeindemitglieder verlesen.

Früher war der Allerseelentag von vielerlei Brauchtum umgeben, wobei die Schwelle zwischen Toten- und Aberglauben manchmal überschritten wurde. Die volkstümliche Vorstellung war, dass bestimmte Totenseelen zwischen dem Allerheiligen-Mittagsläuten und Allerseelen-Mittagsläuten zurückkamen und „umgingen", um andere an ihre Schuld zu erinnern. An diesem Tag durfte man keine Tür und kein Fenster gewaltsam zuschlagen, aus Furcht, eine arme Seele zu zerquetschen. Da wurde auch kein Messer auf dem Rücken, kein Rechen mit den Zinken nach oben liegengelassen, aus Vorsicht, eine arme Seele könnte darüber stolpern und sich verletzen. In mehreren Berichten wurde sogar von Begegnungen mit armen Seelen auf Gräbern, Totenbrettern und an Feldkreuzen erzählt.

Manche Firmpaten schenkten noch vor ein paar Jahrzehnten ihren Patenkindern zu Allerheiligen einen Seelenwecken oder Seelenzopf. Arme-Leute-Kinder haben früher um so einen Seelenwecken gebettelt. Es gab sie aus feinem Weizen- oder auch Roggenmehl.

Ein gar nicht christlicher Heischevers lautet:

I bitt gar schee um an Seelenzelten,
aber um koan Schwarzen, sondern an Weißen,
denn an Schwarzen konn i net beißen!
Gibst ma zwee, dann dank i da schee.
Gibst ma drei, dann bist a brav's Wei.
Gibst ma glei vier – nacha schlaf i bei dir.

Mehrere Stoßseufzer und Segenssprüche erinnern ebenfalls noch an Allerseelen:

Seine Seele ruhe in Frieden.

Jetzt hat die arme Seele ihre Ruhe.

Alle guten Geister helft.

Bist du von allen guten Geistern verlassen!

Hermann Hesse schreibt in einem Gedicht:

Es führen über die Erde – Straßen und Wege viel,
aber alle haben dasselbe Ziel.

Die Tage bis zum 8. November gelten im bayerisch-österreichischen Gebiet als die Seelenwoche.

Allerseelen-Physikatsbericht

Im Jahr 1861 schrieb der verantwortliche Bezirksarzt Dr. Eduard Widmann des Amtsbezirks Schrobenhausen in seinem Bericht an die Königlich Bayerische Regierung in München über das Allerseelen-Brauchtum im Schrobenhauser Land:

Endlich sei noch das Fest Allerseelen angeführt. Das Andenken der Verstorbenen wird hierzulande von Jahr zu Jahr feierlicher und prunkvoller begangen, so dass es bald nicht mehr ein Fest für die Abgestorbenen, sondern ein Prunk der Überlebenden, welche an diesem Tage jeder den anderen an Schönheit und Verzierung der Gräber übertreffen will. Auf dem Lande werden zwar die Gräber der Lieben noch einfach verziert mit Blumen, Namenszügen aus Blumen, oder von gefärbtem Sande wie auch von Samen der Rosen oder der Beinwinde und einzelnen Wachslichtern, welche meistens mit einer einfachen weißen oder auch gefärbten Papiertüte gegen den Wind geschützt werden.

Aber in der Stadt genügen solche einfache Verzierungen der Gräber schon nicht mehr, jeder sucht den Anderen durch alle möglichen Blumen in Töpfen, wie selbe in dieser Jahreszeit nirgends blühend zu haben sind, aber herangetrieben werden können, besonders die Arten, die Chrisanthemen, Winterastern, die jetzt zu dieser Jahreszeit herrschenden Modeblumen, zu übertreffen.

Dazu werden oft zwei bis drei Laternen von weißem oder blauem Glase am Grabe aufgehängt, und eigene Wächter daneben bestellt. Kurz es ist das Allerseelenfest ein schönes Fest, aber die Menschen denken mehr an ihre Eitelkeit, als an das Andenken der Toten, welches ganz im Hintergrund steht.

Von der Pfarrei geht am Allerheiligentage nachmittags 3 Uhr eine friedliche Prozession auf den Friedhof und in demselben herum, ein Gebrauch, welcher in allen bayerischen Orten herrscht.

Ein eigenes Gebäck zu dieser Zeit ist noch zu erwähnen, es sind die sogenannten Seelenzöpfe von Semmel- oder mürbem Teige, mit welchem die Kinder von ihrem Firmpaten beschenkt werden, auch süße solche Zöpfe werden in den Konditoreien gebacken.

Leben in Bayern: Christliche Wege- und Flurdenkmäler

Nicht wegzudenken aus der schönen hügeligen Landschaft sind die christlichen Denkmäler wie Wege- und Flurkreuze, Bildstöcke, Kapellen und sogenannte „Marterl".

Schon vor mehreren Jahrhunderten hat man Wegkreuze errichtet, um Pilgerwege zu markieren und zum Gebet einzuladen oder um Straßenkreuzungen von Weitem kenntlich zu machen. Viele Flurkreuze wurden von einzelnen oder mehreren Bauern gemeinsam aufgestellt. Sie sollten in Wald und Flur Segen bringen und vor Unwetter und Naturkatastrophen schützen. Bei Gemeindemissionen hat man meist mitten im Ort ein Missionskreuz aufgestellt. Heute macht man das eher, wenn ein bauliches Unterfangen wie z.B. ein Brunnen vollendet wurde und gesegnet werden soll – oder man hinterlässt es am Ort einer Großdemonstration. „Arma-Christi-Kreuze" mit den Leidenswerkzeugen der Passion sollen an den Leidensweg Jesu Christi erinnern. Mancher Bauer hat an einer straßenseitigen Haus- oder Stadelwand ein Hauskreuz, oft mit der Gottesmutter oder dem heiligen Johannes und der heiligen Maria zu Füßen des Gekreuzigten, angebracht. Hin und wieder erinnert noch ein Pestkreuz an die Zeiten der schlimmen Seuche. Brückenkreuze, Gipfelkreuze und Kreuzigungsgruppen, zuweilen auch mit einem Kreuzweg, laden ebenfalls zu einem stillen Gebet oder wenigstens zu einem Gottesgruß ein.

An Stellen, an denen ein Gewaltverbrechen geschehen ist, hat man als ein Zeichen der Buße und des Gedenkens gern ein schmuckloses Sühnekreuz aufgestellt. Der Gedenkstein von Hinterkaifeck zieht immer noch viele Neugierige an.

Heute findet man an vielen Straßen Gedenksteine von Verkehrsopfern, doch wir fahren so schnell vorbei, dass man kaum noch einen kurzen Blick darauf werfen und schwerlich daran denken kann, ein Gebet oder einen Gottesgruß darauf zu verwenden. Dabei gibt es genau dafür so schöne Stoßgebete wie jenes, das uns der einstige Bischof aus Aresing, Johann Michael Sailer, hinterlassen hat:

> Jesus, an Dich glaube ich, bis ich dich sehe,
> auf Dich hoffe ich, bis ich daheim bei Dir bin,
> Dich liebe ich, bis ich Dein Angesicht schaue
> und im Schauen Dich ewig liebe.

Bildstöcke kennen wir als Säulen mit einer Heiligenfigur darauf oder als kleines, aber hohes Häuschen mit einer oft vergitterten Nische für ein Heiligenbild oder eine Figur. Es ist oft die Statue eines Heiligen, dem der Stifter besonders vertraut. Manchmal hat der Stifter auch ein Andenken von einer Pilgerreise oder Wallfahrt mitgebracht und dafür einen Bildstock aufgebaut. Für den besonderen Segen für Familie und Hof haben betuchte Bauern häufig eine eigene Kapelle mit einem kleinen Altar mauern lassen. Manchmal errichtete man sie als Dank für eine Rettung aus Not oder Gefahr, für eine glückliche Heimkehr aus dem Krieg oder für ein freudiges Ereignis. Kapellen stehen meist an einer Straße zwischen zwei Orten oder nahe bei einem Bauernhof.

Beschützt werden Kreuze, Bildstöcke und Kapellen gerne von zwei markanten Bäumen.

In der zweiten Hälfte des 19. Jahrhunderts ließ sich gar mancher Bauer aus unserer Gegend vom Saubartl aus Weilenbach über der Stalltüre eine Mörtel-Plastik von einem Wagenzug mit Rössern, dem heiligen Leonhard oder einem anderen Heiligen anbringen. Nur wenige dieser Mörtel-Reliefs haben die Zeit überlebt.

Als „Marterl" bezeichnen wir kleine Tafeln oder Bilder, die an tragische Unglücksfälle oder an Gewaltverbrechen erinnern. Mancher denkwürdige Spruch steht darauf geschrieben wie zum Beispiel:

Diesen Weg ging ich oft hin und her,
halt dich jeden Tag bereit,
iatza geh ich nimmer mehr.

Für Zeit, Gericht und Ewigkeit.

Von Erde bist du,
von der Erde isst du,
Erde wirst du.

Wanderer, ich bitte dich,
steh still und bet' für mich.
Denk, o Mensch, was du bist,
gesund und fröhlich ging ich hinaus,
denk was dein Leben ist,
o Mensch, gedenk an das letzte End',
ein Sarg, ein Leichenkleid,
ich bin gestorben ohne hl. Sakrament,
das ist die ganze Herrlichkeit.

An einem Waldweg zwischen Gröbern und Hohenried, am sogenannten „Gurgelabschneiderweg", steht auch ein Marterl mit folgender Inschrift:

Hier in des Waldes Einsamkeit,
mit einem Herz voll Frömmigkeit.
Einst ging der Jüngling Ruf Xaver,
ganz argloß von Schrobenhausen her,
wohin er Spenglerwar zum Markt gebracht.
Ein Bösewicht machte sich an ihn,
mit frommem Schein schritt er dahin,
führt meuchlings dann den Mörderstreich,
ewürgt, zerfetzt, beraubt ihn gleich.
Jesus, Maria, stehe bei,
dass seine Seel gerettet sei.
Empfiehl dich Christ auf deinen Wegen,
allzeit in Gottes Schutz und Segen!
Mit frommem Sinn gedenke sein,
vom Sündenweg bewahr dich rein!
Du weißt ja niemals Ort und Zeit,
wann Gott dich ruft zur Ewigkeit!

Totenbretter

Die Totenbretter gelten heute als spezieller Brauch aus der Region
des Bayerischen und des Oberpfälzer Walds, aber dies ist nur einge-
schränkt richtig. Auch bei uns im Paartal war es Sitte, Totenbretter
aufzustellen: Die Bretter, auf denen die Toten aufgebahrt worden
waren, hat man später verziert, bunt bemalt und, mit dem Namen
des Verstorbenen und einem Denkspruch versehen, an einem Weg,
bei einem Feldkreuz, unter mächtigen Bäumen oder am Gartenzaun
senkrecht aufgestellt. Der Brauch stammt noch aus der Zeit, als die
Toten keinen Sarg bekamen. Damals hat man den Leichnam auf ein
Brett gelegt und feiertäglich angezogen in der Stube aufgebahrt.
Nachdem sich die Familie und die Nachbarschaft bei nächtlichem

Gebet vom Toten verabschiedet hatten, wurde er vom Totengräber oder von der „Einnatherin" in ein weißes Leintuch eingenäht und auf dem Brett festgebunden. Bei der Beerdigung stellte man das Brett mit der Leiche ins Grab und ließ den Körper in die Grube rutschen.

Nach dem Dreißigjährigen Krieg begann man damit, die Toten in einen Sarg zu legen. Aber lange Zeit bestanden beide Arten der Beerdigung noch nebeneinander. Die Ausdrücke „Brettlrutschen" oder „Aufs Brettl kemma" erinnern noch daran.

Echte Totenbretter sind kaum überliefert. Was wir heute vorfinden, sind in der Regel Totengedenkbretter. Orte, an denen mehrere Totenbretter aufgestellt waren, galten als unheimlich, da sich hier nachts die armen Seelen versammelten.

In unserer Gegend gab es vor dem Zweiten Weltkrieg noch einige Orte, an denen Totengedenkbretter aufgestellt waren. Heute weiß ich nur noch von Totengedenkbrettern an der Kapelle in Stockensau und an einer Straße bei Maria-Birnbaum.

Früher erinnerten auf den Friedhöfen auch die „Karner" mit den ausgestellten Totenschädeln und Gebeinen an die menschliche Vergänglichkeit.

Hubertustag – 3. November

Am 3. November oder nahe um diesen Tag feiert nicht nur die bayerische Jägerschaft ihren Schutzpatron mit einer Hubertusfeier. Voraus geht meist eine Hubertusmesse, darauf folgt ein „Schüsseltreiben", eine „Trophäenschau" und die Aufnahme junger Jagdkollegen in die Zunft. Bereits seit dem 9. Jahrhundert kennt man den heiligen Hubertus als Schutzherren der Jagd und Beschützer vor Tollwutverletzungen.

Die Legende sagt: Hubert lebte als Bischof von Lüttich von 700 bis 727 und war vor seinem hohen kirchlichen Amt ein leidenschaftlicher Jäger. Seine Hundemeute soll einmal einen weißen Hirschen gestellt haben, der ein strahlendes Kruzifix zwischen den Geweihstangen trug. Ergriffen sank Hubertus in die Knie und entsagte dem Waidwerk, um sich der Kirche zu weihen. Auf dem Platz seiner Erscheinung baute er eine Klause und wurde Eremit. Einige Zeit später wallfahrte Hubertus nach Rom und wurde vom Papst Sergius I. zum Bischof geweiht.

Die Forschung erkennt diese romantische, traditionelle Darstellung des Lebens des heiligen Hubertus nicht an und vermutet, dass sie sich aus einer Mischung von germanischen und keltischen Sagengestalten entwickelt hat. Die Jägerschaft juckt das wenig: Dort will man bei der althergebrachten Überlieferung ihrer Zunft bleiben.

St. Leonhard – 6. November

Der meist verehrte Heilige in Bayern und Österreich

Als Vieh- und Pferdepatron genießt Leonhard allergrößtes Ansehen, denn den Pferden galt einst der ganze Stolz der Bauern. Der „boarische Herrgott" ist auch der Schutzpatron der Schmiede, Fuhrleute, Reisenden, Gefangenen und anderen, vor allem von den Hammerlzünften. Der heilige Leonhard lebte im 6. Jahrhundert in Noblat in Frankreich als asketischer Mönch und wurde schon zu Lebzeiten um Rat und Hilfe gebeten. Nach seinem Tod wurde sein Grab bald zum Wallfahrtsziel. Schon als Mönch verwandte er sich auch für Sträflinge, wenn er an ihre Unschuld glaubte, und gab ihnen Arbeit in der Meierei des Klosters.

Seit 1184 wurden in Bayern mehr als 1.000 Kirchen und Kapellen dem Heiligen mit der zerbrochenen Kette geweiht; viele Leonhardskirchen sind mit einer Kette umspannt. Die Bauern waren ihrem „boarischen Herrgott" so eng verbunden wie sonst nur noch der Gottesmutter Maria.

Im Schrobenhausener Land steht seit etwa 500 Jahren das Wallfahrtskirchlein St. Leonhard in Strobenried. Die uralte Pferdewallfahrt ist aber seit dem Zweiten Weltkrieg vergangen. Dafür haben Inchenhofener Bauern und Aichacher Bürger die Wallfahrt zu „Leachat" in Inchenhofen wiederbelebt.

Um 1300 baute die Probstei des Klosters Fürstenfeld bei den Höfen Imicho für den Heiligen Leonhard eine Kirche und bald blühte eine rege Wallfahrt. Jahrhundertelang war „Leachat" die größte und meistgegangene Wallfahrt Mitteleuropas und nach Jerusalem, Rom und Santiago de Compostela das viertgrößte Pilgerziel der christlichen Welt. Bereits 1457 fand hier wohl der erste Leonhardiritt statt.

Als Opfer brachte man dem Heiligen zahllose Votivgaben aus Eisen mit. Wenn der Berg der Eisenopfer zu groß wurde, musste sie ein Schmied zu einem zentnerschweren Riesennagel oder zu „Würdinger" verschweißen. In Aigen am Inn, in der Diözese Passau, messen die Burschen nach dem Leonhardiritt ihre Kräfte beim Stemmen der wohl schwersten „Würdinger".

Heute sind die Leonhardiritte eine Schau mit Prachtwägen voller Menschen in Festtagstrachten und mit prunkvoll herausgeputzten Pferden. Allein in der Erzdiözese München und Freising finden jährlich etwa 50 Leonhardiritte statt.

Am ersten Sonntag im November findet in „Leachad" bei Aichach alle Jahre der Leonhardiumzug statt mit vielen Wägen mit Darstellungen aus dem Leben des Heiligen, großem Gepränge mit Musik- und Trachtengruppen und mit vielen, vielen Besuchern.

Leben in Bayern: Drischldreschen

Jahrhundertelang gab es nur das Drischldreschen. Sobald die Feldarbeit draußen beendet war, begann auf dem Hof das Dreschen des geernteten Getreides („Troad"). Schon sehr früh, oft noch zur Nachtzeit, fing man auf der Stadeltenne (dem „Deina") mit dem Ausdreschen des Getreides an. Dazu benützte man eine „Drischl", eine längliche Holzkeule mit Lederriemchen, die an einem fast schulterhohen Stiel befestigt war. Das nötige Licht spendete eine Kerze, eine Ölfunzel in einer Laterne oder aber eine Petroleum-Sturmlaterne. Zum Dreschen gehörten meist vier bis acht Drescher, die paarweise und sich gegenüberstehend die Dreschflegel gekonnt im Takt schwangen und auf die Getreideähren schlugen, sodass sich die Körner vom Halm lösten.

Eine „Dirn" hatte eine aufgeschnittene „Garbe" auf den Tennenboden gebreitet und dann das ausgedroschene Stroh wieder aufgesammelt.

Beißende Kälte war genau die richtige Witterung zum Drischldreschen. Da spritzten die Körner besonders leicht aus den Ähren und der Drischlkolben blieb trocken und sauber, dafür waren die Drescher den ganzen Tag über in eine Staubwolke eingehüllt und das Woche für Woche. Gute Drescher holten hoch aus und schlugen kraftvoll zu, denn „hoch mähen und tief dreschen hat der Bauer nicht gern". Bei Kälte sagte ein Sprichwort:

> Des ist a Wetter für meine Knecht,
> arbeitens net, dann frierts es recht.

Oder auch: „Der haut nei wia a Drescher."

Drischldreschen verlangte besondere Handfertigkeit. Damit die Riemchenhalterung nicht abriss, musste der lange Stiel bei jedem Schlag ein bisschen in der Hand gedreht werden. So ein davonfliegender Drischlkolben hätte einen anderen Drescher schwer verletzen können. Drischldrescher brauchten nicht nur Kraft und Ausdauer, sondern auch ein ausgeprägtes Taktgefühl, sodass sie die genaue Reihenfolge einhalten konnten. Als Hilfe gab's auch prägnant gereimte Gaudiverse. Da der Dreschertakt aus den Höfen im ganzen Dorf wie eine Kanonade zu hören war, galt es als eine ausgemachte Blamage, wenn einer aus dem Takt kam. Ein Sprichwort sagt: „Allein dreschn und allein tanzen ist gleich langweilig."

Die gesammelten Körner wurden in einer handgetriebenen Windmühle von der Spreu gelöst und dann aus einem Ablauf unten aufgesammelt.

Als sich nach dem Ersten Weltkrieg die ersten Dreschgenossenschaften gründeten, hat man nur noch das Bindestroh und vor allem die Füllung für den Strohsack mit dem Dreschflegel ausgedroschen.

Dampfdreschen

Um 6 Uhr pfiff die Dampfmaschine früher zum Zwölf-Stunden-Dreschtag. Während meiner Kindheit in den dreißiger Jahren des letzten Jahrhunderts begann gleich nach dem Einfahren das Ausdreschen der Getreideernte. Nur noch wenige können sich aus eigenem Erleben an das Dampfdreschen erinnern. Die Elektrizität war zwar längst erfunden und verfügbar, trotzdem waren Einzelhöfe oft noch nicht ans E-Netz angeschlossen. So dauerte es meist bis in die Nachkriegsjahre, bis die Dreschgenossenschaften Elektromotoren anschafften.

Der Dreschwagen und der Dampfkessel wanderten von Hof zu Hof. Die Vorbereitungen begannen gleich nach der Ernte mit dem Ausdreschen des Bindestrohs mit dem Dreschflegel. Sobald die Felder abgeerntet waren, legten die Dreschgenossenschaften die Termine für das Dreschen, das „Maschinen", fest. Die Reihenfolge sollte gewährleisten, dass alle am Markt gute Preise erzielen konnten und die Nachbarschaftshilfe nicht überstrapaziert wurde.

Am Vorabend wurden die Dresch- und die Dampfmaschine beim Vorgängerhof abgeholt, am richtigen Platz aufgestellt und ausgerichtet, damit der große Treibriemen aufgelegt werden konnte und beim Dreschen auch nicht abgleiten würde. Schon um 4 Uhr in der Früh heizte der Kesselführer den Dampfkessel an, um bis zum Arbeitsbeginn genügend Dampfkraft zu haben. Dabei wurden sterweise Scheitholz oder zentnerweise Kohlen und viel Wasser verbraucht. Wenn die Maschine pfiff, kamen die Helfer aus der Nachbarschaft, die meist auch schon vorher das Vieh versorgt hatten, pünktlich zum Dreschen, weil jeder an seinem zugewiesenen Arbeitsplatz den ganzen Tag unabkömmlich notwendig war.

Mindestens zwei Mann standen im Getreidestock des Stadels und spießten die Getreidegarben aufs obere Deck der Dreschmaschine, wo zwei Mägde die Bänder lösten und das Stroh locker auf den Einlegetisch schüttelten, damit es der Maschinist gleichmäßig einlegen konnte. Das leere Stroh fiel hinten wieder heraus und wurde von Mägden aufgesammelt, meist von Männern gebunden und im Hof zu einem Haufen aufgesetzt.

Am hinteren Ende der Dreschmaschine waren zwei Getreidekornausläufe und ein Sackaufzug. Ein bis zwei Sackträger mussten das Getreide, je einen guten Zentner schwer, oft zwei oder drei Treppen zum „Troadboden" hinauftragen. Von den Rüttelsieben in der Mitte der Dreschmaschine kamen seitlich ausgedroschene Ähren, kurzes Stroh, Spreu und Spelzen („Aogn") heraus. Eine Magd musste mit einem Rechen dafür sorgen, dass nichts verstopfte und die Spreu in „Gsodreutern" zum Halmboden gebracht wurde. Es war vor allem eine sehr staubige Angelegenheit und die Drescher waren bald so eingestaubt, dass sie meist nur noch an der allgemeinen Figur erkennbar waren.

Spartanisch einfach war meist die Brotzeit: Trocken- oder Butterbrot und ein Dünnbier („Scheps"). Nur der Maschinist, der Kesselführer und die Sackaufträger bekamen auch Fleisch oder Wurst; für alle gab es ein kräftiges Mittagessen. In Niederbayern wurde dafür der „Erdäpfekaas" erfunden und erfreut sich auch heute noch bei Festen und sogar Diät großer Beliebtheit.

War bei einem Bauern ausgedroschen, wurden der Dreschwagen mit seinen Sieben und der Dampfkessel samt Feuerung gereinigt und anschließend zum nächsten Bauern gebracht. Wenn der Weg etwas anstieg, wurden die schweren Geräte nicht selten vierspännig gefahren.

Nach dem Zweiten Weltkrieg gab es tiefgreifende Änderungen im Ablauf: Der Dampfkessel wurde vom Dieselmotor oder gleich vom Elektromotor abgelöst. Angebaute Strohpresse und elektrische Gebläse für den Transport des Getreides übernahmen die schwersten Arbeiten. Schließlich haben dann die Mähdrescher die Ernte wesentlich vereinfacht und erleichtert. Ein bis zwei Männer erledigen heute in wenigen Stunden die ganze Arbeit.

Gedüngt wurde das Getreide damals übrigens nur mit Stallmist, das brachte pro Tagwerk einen Ertrag von ca. 15 Zentnern. Durch besseres Saatgut und künstliche Düngung konnte inzwischen der Ertrag auf ca. 50 Zentner Getreide pro Tagwerk gesteigert werden.

St. Martin – 11. November

Ein großer Heiliger

Der Schutzpatron der Soldaten, Gürtler, Tuchmacher und aller Bedrängten und Armen hat seinen Namenstag am 11. November. In Ungarn geboren, war Martin als römischer Offizier in Gallien stationiert, haderte aber stets damit, seinen christlichen Glauben mit dem Militärdienst zu verbinden. Nachdem er den Dienst quittiert hatte, gründete er um 360 n. Chr. das erste Kloster des Abendlandes. Gebet und Mission verschafften ihm hohes Ansehen, sodass man ihn zum Bischof von Tours berief. Weil er das Amt nicht gerne antreten wollte, versteckte er sich – sagt die Legende –, doch Gänse verrieten ihn. Noch als Offizier soll er seine berühmteste Gnadenhandlung begangen und an einem kalten Tag seinen Mantel mit einen Bettler geteilt haben.

Im Bauernjahr war der Martinstag der Abschluss der Weide- und Feldarbeit und des gesamten Wirtschaftsjahres. Deshalb wurden spätestens an Martini Pacht und Zinsen fällig. Der Dorfhirte verlangte seinen Lohn. Neben anderen Naturalien mussten zu der Pacht oft auch Gänse abgeliefert werden, weil diese im Spätherbst ihr höchstes Gewicht erreichen und besonders gut schmecken. Waren am Hof Töchter zuhause, wurden immer viele Gänse wegen der Bettenaussteuer gehalten und um Martini geschlachtet.

Ein schöner Brauch sind heute die Martinsumzüge, meist organisiert von den Kindergärten. Nach einer Andacht in der Kirche ziehen die kleinen Kinder, begleitet von den Eltern, Kindergärtnerinnen, oft auch vom Pfarrer, mit bunten Papierlaternen singend durch oder um den Ort. Angeführt oder begleitet wird der Umzug oft auch von einem als heiliger Martin verkleideten Mann mit rotem Mantel auf einem Schimmel.

Heute steht der Martinstag ganz im Zeichen der Nächstenliebe. Teilen ist nicht leicht, aber es macht froh.

Leben in Bayern: 'S Kraut Eintreten

Das Sauerkraut wächst auf unseren Böden besonders gut und war auf dem Land immer ein sehr wichtiges Lebensmittel. Es hat gerade für die Winterzeit sehr wichtige Vitamine, wirkt wie ein Darmbesen im Körper und ist auch sehr schmackhaft.

Bevor der Frost kam, hat man den Krauthobel und den Krautzuber gereinigt, mit heißem Wasser gründlich gespült und das Kraut ins Haus geholt. Wer keinen Krauthobel hatte, holte den Krautschneider. Das Krautschneiden war, wie das Schlachten, ein kleines „Fest" für den ganzen Hof.

In der Küche oder in der Stube hat man auf dem Boden ein Tischtuch ausgebreitet und den Krautzuber daraufgestellt. Dann wurden von den Krautköpfen die äußeren Blätter entfernt, der Strunk ausgeschnitten und es konnte mit dem Hobeln begonnen werden. Nach jeder dicken Lage Kraut im Zuber hat das Küchenmädchen oder eines der Kinder mit gewaschenen Füßen kräftig eingetreten, bis der Saft hochkam, dann wurde alles stark gesalzen und der Zuber so Lage für Lage gefüllt, bis er fast voll war. Je nach Geschmack wurde das eingetretene Kraut mit etwas Meerrettich, Kümmel, Lorbeerblättern und Wacholderbeeren gewürzt. Abgedeckt wurde es mit sauberen Krautblättern – oder noch besser mit Weinblättern vom Spalier-Weinstrauch. Darüber breitete man ein Tuch und darauf legte man ein breites Holzbrett, das – damit es das Kraut zusammenpresste – mit einem schweren Stein beschwert wurde.

Um das Kraut zur Gärung zu bringen, musste man es zimmerwarm stellen. Das dauerte je nachdem zwei bis vier Wochen. Nach der Gä-

rung wurden der entstandene Schaum und der nun schmutzig gewordene obere Teil des Saftes, aber auch die etwas bräunlichen Blätter und Krautteile abgeschöpft. Nach der Entnahme der ersten Portion, dem Waschen des Tuches, des Deckbrettes und des Gewichtssteines und dem Nachfüllen der Salzlake wurde es wieder bedeckt und nun kühl gestellt. Mit der Probeportion wurde festgestellt, ob das Kraut schon zum Verzehr geeignet war. Diese Reinigung musste von Zeit zu Zeit wiederholt werden.

Für einen noch besseren Geschmack und für eine größere Bekömmlichkeit verwendet man neuerdings gerne einen luftdicht abschließbaren Ton-Gärtopf und weniger Salz, stattdessen aber etwas Buttermilch, zur milden Gärung.

Buß- und Bettag – 21. November

Am 21. November feiern die evangelischen Christen den Buß- und Bettag. Im evangelischen Kalender spielt dieser Termin eine wichtige Rolle und ist in der Gemeindefrömmigkeit fest verwurzelt.

Am Buß- und Bettag soll der evangelische Christ innehalten und überlegen, was im eigenen Leben und im Zusammenleben in der Gesellschaft falsch läuft, welche Verantwortung man selbst dafür trägt und wie die anstehenden Probleme angegangen und eventuell gelöst werden können. Vom Charakter her ist es ein Tag der Besinnung, des Nachdenkens und der Neuorientierung. Im Gottesdienst werden Schuld, Versagen, Fehlentscheidungen und Versäumnisse vor Gott zur Sprache gebracht. Dies soll Hoffnung, Trost und Befreiung bringen. Viele Gemeinden feiern das Abendmahl als Zeichen der Aussöhnung mit Gott. In überwiegend evangelischen Gemeinden Bayerns herrscht an diesem Tag meist Feiertagsruhe. Auch in den überwiegend katholischen Orten bleiben die Schulen geschlossen.

Heilige Cäcilia – 22. November

Der Legende nach war die heilige Cäcilia eine römische Adelige und starb um 230 n. Chr. zusammen mit ihrem Verlobten den Märtyrertod. Seit dem 15. Jahrhundert wird sie mit Orgel, Geige oder anderen Musikinstrumenten dargestellt. Sie gilt als Patronin der Kirchenmusik, der Musiker, Intrumentenmacher und Sänger.

Der Schrobenhausener Musik- und Gesangsverein hat früher, wie andere Vereine, Chöre und Orchester bayernweit, sein Jahreskonzert nahe dem Cäcilientag aufgeführt. Cäcilienkonzert und Gesangsvereinsball waren bedeutende Ereignisse im städtischen Kalender.

Kathrein stellt den Tanz ein – 25. November

Am 25. November endet die Zeit der Ernte-, Familien- und Dorffeste und anderer Tanzveranstaltungen. Ab jetzt wird es still in Vorbereitung auf die kommende Weihnachtzeit:

Bis Heilig-Drei-König schließt Kathrein
Bass und Geigen ein.

St. Kathrein war eine Märtyrerin aus Alexandria in Ägypten. Sie ist vor allem als Schutzpatronin der Studierenden und Gelehrten bekannt. Bienen werden jetzt endgültig eingewintert. Die Schafschur nimmt den Tieren ihren Sommerpelz und die Spinnräder werden nun wieder hervorgeholt.

Volkstrauertag

Am vorletzten Sonntag im November begeht man seit 1922 den Volkstrauertag. Man gedenkt dabei vor allem der Toten und Vermissten der beiden Weltkriege, der Gewaltherrschaft in Deutschland und der Opfer der Vertreibung, aber auch der Soldaten der Bundeswehr, die im Einsatz in fremden Ländern ihr Leben lassen mussten. Vergessen werden meist auch nicht deren Mütter. Über allem steht die Bitte, dem Frieden eine Chance einzuräumen.

Pfarrer, Bürgermeister, Gemeinderäte, Vereine und Bürger bilden den Rahmen der Gedenkfeiern. Meist legt man Kränze und Blumen am örtlichen Kriegerdenkmal nieder und der Pfarrer spendet den Segen. Beim abschließenden Lied „Gute Kameraden" senken sich die Fahnen. Ein altes Sprichwort sagt:

Ein Volk ist so viel wert,
wie es seine Toten ehrt.

Totensonntag

Am letzten Sonntag vor dem 1. Advent gedenken die evangelischen Christen ihrer Verstorbenen.

Die Katholiken feiern dagegen an diesem Sonntag das Christkönigsfest.

Andreastag – 30. November

Was für das bürgerliche Kalenderjahr der Silvestertag, das ist für das Kirchenjahr der Andreastag. Weltliche Feiern – wie Hochzeiten – waren nun bis Epiphania verpönt. Noch 1922 befahl sogar eine evangelische Kirchensynode, niemand dürfe zwischen dem Adventanfang und der Epiphania-Oktav getraut werden.

Die Stellung des Andreastags am Ende des Kirchenjahrs und vor dem Adventsanfang, der Zeit der geheimnisvollen längsten Nächte des Jahres, bot auch viele Gelegenheiten für Aberglauben. Die Menschen hatten das Gefühl, dass nun alle Arten von Unholden und finsteren Wesen danach trachteten, ihnen näher zu kommen und Macht über sie zu gewinnen.

Man glaubte auch, dass die Andreasnacht, die „Silvesternacht" des Kirchenjahrs, eine Losnacht wäre, in der man etwas über die Zukunft im kommenden Jahr erfahren könnte. Vor allem junge Leute, vornehmlich Mädchen, hatten viele Fragen zu ihrer näheren Zukunft: So stellten sie einen Eimer mit Wasser auf und versuchten, um Mitternacht im Wasserspiegel das Bild ihres Zukünftigen zu sehen. Gerne übte man das Pantoffelwerfen über die rechte Schulter: Zeigte die Pantoffelspitze zur Kammertüre, konnte die Werferin im kommenden Jahr mit einem Heiratsantrag rechnen. Jungfrauen konnten auch ein Bettbrett unter ihrem Strohsack hervorziehen, ans Bettgestell lehnen, einen Fuß draufsetzen und aufsagen:

Bettbrett i tritt di,
heiliger Andreas i bitt di,
lass mir erscheinen,
den Herzallerliebsten meinen.

Solche und ähnliche Bräuche werden heute offiziell nicht mehr gepflegt, doch das Wissen darüber ist noch sehr lebendig. Vielleicht versucht es ja hin und wieder ein junges Mädchen in der stillen Kammer – nach dem Motto: Stimmt es nicht, so schadet es auch nicht.

Advent

Der Dezember bringt uns viel Dunkelheit, den kürzesten Tag und die längste Nacht des Jahres. Die Menschen verlangen jetzt nach Wärme, Licht und Orientierung. In den Städten und kleineren Gemeinden strahlen lichterglänzende Verkaufsstraßen und Marktplätze mit Leuchtbögen und Lichtsternen in der Dunkelheit. Zu Hause erleuchten Kerzen die Stuben. Die besondere Beleuchtung stimmt die Menschen ein auf die vorweihnachtliche Zeit.

Für uns Christen ist der Dezember der Weihnachtsmonat; der Advent, die Tage vor dem Fest der Ankunft Christi, ist die Zeit der Erwartung und Wegweisung, eine Zeit mit besonderem Tiefgang. Die Adventstage galten wie die 40-tägige Fastenzeit vor Ostern der Buße, dem Verzicht und der Besinnung. Ursprünglich war etwa seit dem 5. Jahrhundert sogar vielerorts eine offizielle 40-tägige Fastenzeit als Vorbereitung auf die Ankunft Jesu üblich. Christi Geburt wurde damals an Epiphania, dem Tag der Erscheinung des Herrn, am 6. Januar – wie in der Ostkirche – gefeiert. Seit dem Konzil von Trient Mitte des 16. Jahrhunderts wurde die Adventszeit auf 23 Tage bzw. knapp vier Wochen „eingedampft".

Schilderungen aus den vielen Jahrhunderten vor dem Beginn des 20. Jahrhunderts betonen die feierlich ernste, fast asketische Erwartungshaltung in den damaligen Bauern- und Bürgerhäusern. Von weltlich heiterer vorweihnachtlicher Freude konnte keine Rede sein. Der wahre Christ ging in sich. Dessen ungeachtet ist die sogenannte „stade Zeit" besonders reich an Bräuchen.

Der Advent ist auch die Zeit der Weihnachtsbäckerei, der Platzerl. Früher duftete es in den Küchen vor allem nach Honig- und Lebkuchen, auf den Tisch kam auch Kletzen- und Früchtebrot aus Dörrobst, das bei uns „Hutzeln" genannt wurde. Vor allem den Kindern ist die Weihnachtsbäckerei unvergesslich.

Man saß nun auch gern abends beim Kerzenziehen zusammen.

Am 22. Dezember ist der Tag der Wintersonnenwende und der Beginn des kalendarischen Winters. Mit der nahenden Geburt des Jesuskinds nimmt das Licht wieder zu und die Kraft der Sonne.

Adventskranz und Paradeiserl

Die Geschichte des Adventskranzes ist vor allem in Bayern noch recht kurz. Der älteste Bericht zu einem solchen Kranz kommt aus Hamburg: Der Pädagoge und spätere Gründer der „Inneren Mission" Johann Hinrich Wichern hat in der sogenannten „Rettungsanstalt" für verwahrloste Kinder des „Rauhen Hauses" am 1. Dezember 1838 den ersten Adventskranz aufgehängt, um seinen Schützlingen die Wartezeit bis zum Weihnachtsfest zu verkürzen. Er nahm dafür ein Wagenrad und befestigte darauf 23 Kerzen, vier große weiße für jeden Sonntag und 19 kleine rote für jeden Arbeitstag bis zum Heiligen Abend. Täglich wurde während einer kurzen Andacht eine neue Kerze angezündet. Im protestantischen Norden fand dies schnell Nachahmer und erlangte große Verbreitung. Ab 1851 kam Tannengrün als Schmuck dazu.

In der runden – unendlichen – Form des Kranzes und dem Grün der Zweige sind christliche, aber auch heidnische Symbolik verborgen: der runde Weltenlauf, das Grün des Lebens, der Fruchtbarkeit, der Erneuerung der Welt im bald kommenden Frühling. Die traditionellen Farben des Adventskranzes sind Rot und Grün, als Schmuck können auch Äpfel verwendet werden.

Um 1925 hing erstmals ein Adventskranz in einer katholischen Kölner Kirche, 1930 auch in einer Münchner Kirche. Ab 1935 fand er Eingang in bayerische Bürgerhäuser und verdrängte bald das altbayerische Paradeiserl.

Das Paradeiserl bestand aus drei roten Äpfeln, die mit drei kurzen Stäben zu einem Dreieck zusammengesteckt wurden. Drei weitere Stäbe bildeten eine Pyramide, die oben mit einem vierten Apfel abschloss. In die vier Äpfel hat man je eine Kerze gesteckt und mit einem kleinen Buchskränzchen geschmückt.

Adventskalender

Im 19. Jahrhundert fertigte jeder seinen eigenen Adventskalender: Man machte 23 Striche an die Stubentür, meist mit Kreide, und wischte jeden Abend einen ab, bis zum Vorabend von Weihnachten.

1908 entstand in München dann der erste gedruckte Adventskalender: 24 Bilder begleiteten den Weg durch den Advent und an jedem Tag kam ein kleines stimmungsvolles Gedicht dazu, das man selbst zum jeweiligen Bild kleben konnte. Seit 1920 kennen wir den Adventskalender mit Türchen bzw. Fensterchen zum Öffnen und Bildchen dahinter. Heute kann man den Adventskalender in seinen vielfältigen Formen oft kaum als solchen erkennen, wären da nicht die 24 Fensterchen, die aber nicht mehr mit Bildchen, sondern mit Schokolade, Süßigkeiten oder kleinen Spielsachen die Zeit auf Weihnachten verschönern.

Adventssingen

Das vorweihnachtliche Adventssingen geht auf die Spinnstube zurück. Da diese Tradition des gemeinsamen Handarbeitens, Singens und Erzählens mit der Zeit immer mehr verschwand, verlegte sich das adventliche gemeinschaftliche Musizieren von den bäuerlichen Häusern in die Öffentlichkeit.

1946 lud der bayerische Volkssänger und Volksliedsammler Kiem Pauli im damals kriegszerstörten München einige Gesangsgruppen in die Universität zu einem ersten öffentlichen Adventssingen ein. Wastl Fanderl unterstützte ihn dabei.

Auch in Salzburg entstand bald die Idee vom Adventssingen. Seit 1946 sangen und spielten Sänger und Musikanten zusammen mit dem Volksmusiker Tobi Reiser. Dazu führten Kinder wieder Krippenspiele auf, Annette Thoma, die sich auch zusammen mit Kiem Pauli für die Pflege des Volkslieds einsetzte, schrieb die ersten eigenen Texte dafür und der Schriftsteller Karl Heinrich Waggerl erzählte seine Weihnachtsgeschichten. 1950 fand diese adventliche Feier erstmals im Kaisersaal der Salzburger Residenz statt und fand wegen ihres großen Erfolgs schnell viele Nachahmer.

Überall in Bayern wie im benachbarten Österreich singt man heute Advents- und Weihnachtslieder, spielt Weihnachtsszenen in Mundart oder liest gemeinsam die „Heilige Nacht" von Ludwig Thoma.

Rorate – das goldene Engelamt

Der Name kommt aus dem Evangelium, genauer von der Verkündung des Herrn durch den Engel Gabriel: „Rorate coeli ..." („Tauet Himmel ...") wird da gesungen. Der Dienst in dieser Frühmesse war in der Adventszeit bei den Ministranten ganz besonders beliebt. Obwohl es draußen meist sehr kalt war, auch die Wohnung beim Aufstehen noch ungeheizt und Straßen und Wege im Zweiten

Weltkrieg unbeleuchtet waren, kam schon auf dem Weg zur Kirche ein kleines Hochgefühl auf. Der Schrobenhausener Kriegsmesner Benedikt hatte oft schon ein paar Körnchen Weihrauch auf den heißen Ofen gelegt, was wunderbar duftete.

Das Engelamt war immer besonders feierlich und auch immer gut besucht. Auf dem Dorf musste von jedem Haus mindestens eine Person zum Engelamt gehen. Das ausgesetzte Allerheiligste, die vielen Kerzen und angezündeten Wachsstöcke tauchten die in der Kirche versammelte Gemeinde in ein geheimnisvolles und trotzdem helles Licht. Adventslieder förderten die Vorfreude aufs Fest. Das Evangelium klingt fort im Gebet „Der Engel des Herrn".

Weihnachts- und Christkindlmarkt

Auf den Christkindlmärkten findet man neben Holzspielsachen, Christbaumschmuck, Krippenfiguren und vielen gebastelten Spiel- und Weihnachtsschmuckstücken auch feine Sachen zu essen. Wohltätige Gruppen machen mit Verkaufsständen auf sich aufmerksam. Ein Esel und ein paar Lämmer in einem Pferch zum Streicheln dürfen auch meist nicht fehlen.

Der Münchner Christkindlmarkt lässt sich bis ins Jahr 1310 zurückverfolgen. Den besonders großen und stimmungsvollen Nürnberger Christkindlmarkt gibt's immerhin auch schon mindestens seit 1628.

In den letzten 60 Jahren haben sich die Weihnachts- und Christkindlesmärkte im ganzen Land stark vermehrt. Ein abendlicher Spaziergang über den Markt und ein Plausch bei einer Tasse Glühwein und weihnachtlicher Musik begünstigt die Einstimmung aufs Fest.

Frauentragen
Herbergssuche von Maria und Josef

Das Ergreifende dieses Herumirrens einer schwangeren Frau im Bethlehem vor über 2.000 Jahren, von Tür zu Tür hartherziger Menschen, hat vor langer Zeit zu einem sehr innigen Brauch angeregt: Dabei wird ein Marienbild oder eine Marienstatue an den Abenden vor Weihnachten im Dorf von Haus zu Haus getragen und jede Familie beherbergt die Mutter Gottes für eine Nacht. Beim Wechsel der Mariendarstellung beten die alten dann mit den neuen „Herbergseltern", nachdem eine Kerze vor der Abbildung angezündet wurde. Bevor Maria am nächsten Abend weitergetragen wird, betet die ganze Hausgemeinschaft um Schutz und Segen für das Haus und alle, die darin wohnen.

Dieser Brauch war und ist neuerdings wieder in ganz Bayern und Tirol verbreitet, besonders aber in den Diözesen Augsburg, Regensburg und Passau. Die frühesten schriftlichen Erwähnungen kommen aus den Jahren 1664 und 1672 und stammen aus Ingolstadt, weshalb die „Schanzer" diesen Brauch für einen speziellen „Ingolstädter Einfall" halten.

Heilige Barbara – 4. Dezember

Der 4. Dezember ist der Tag der heiligen Märtyrerin und Nothelferin Barbara. Weil sie zum Christentum übergetreten war, hatte ihr eigener Vater ihre Verurteilung zum Tode erwirkt. Sie wird als eine richtige Rundum-Schutzheilige verehrt: Barbara gilt als Patronin des Wehrstands, vor allem der Artillerie, der Verletzten und Sterbenden, der Architekten, Ingenieure, Poliere, Bauarbeiter, Maurer, Steinklopfer, Zimmerer und Dachdecker, aber auch der Gefangenen, Türmer, Glöckner, Krankenpfleger, Köche, Friseure, Bergleute und Totengräber. In der Kunst wird die Nothelferin meist mit Palmzweig, Turm, Kelch und Hostie oder einem Kanonenrohr dargestellt.

Wir erinnern uns ihrer vor allem wegen der Barbara-Zweige. Drei Wochen vor Weihnachten werden Obstbaumzweige von Apfel, Birne, Kirsche, Zwetschge, aber auch von anderen Frühlingsblühern abgeschnitten, über Nacht in warmes Wasser gelegt, am nächsten Tag mit frischem Wasser in eine Vase gegeben und in einen kühlen

Raum gestellt. Sobald die Knospen anschwellen, soll man die Zweige ins geheizte Zimmer holen. Alle fünf Tage muss das Wasser erneuert und einige Male sollen auch die Schnittflächen nachgeschnitten werden. Erst wenn die Knospen beginnen aufzubrechen, darf man sie ans Fenster stellen. Auch eine Aspirin-Tablette – als moderner Trick – hält die Zweige frisch.

Um die blühenden Zweige ranken sich diverse Orakel-Sprüche. Mancher wandte sich an die heilige Barbara direkt mit dem Stoßgebet:

Heilige Barbara, du edle Braut,
mein Leben sei dir anvertraut,
bitt' Gott an meinem End,
dass ich nicht sterbe ohne Sakrament.

Leben in Bayern: 'S Ei'eisen

Bevor man ab den 1950er Jahren die Kühlung aus der Steckdose abzapfen konnte, mussten die Brauer, Wirte und Metzger zur besseren Konservierung ihrer Ware andere Wege gehen. Damals hatte jede Brauerei, jeder Wirt oder Metzger seinen eigenen, recht seichten Eisweiher, wo er seine Kühlung für den Sommer „erntete".

Warmes Bier ist nicht jedermanns Geschmack und frisches Fleisch verdirbt im Sommer ohne Kühlung ebenfalls in sehr kurzer Zeit. Deshalb hat man sehr tiefe Keller gegraben, wo das geerntete Eis nur langsam abschmolz.

Ab Dezember warteten die Eisweiher-Besitzer ungeduldig, bis die Wasserfläche zufror und ab einer Eisdicke von mindestens zehn Zentimetern geerntet werden konnte. Wenn das „Ei'eisen" begann, halfen viele Männer mit, Gesellen, Stammgäste, Nachbarn und Freunde, und dabei oft nur für eine Brotzeit.

Begonnen hat man mit dem Aufschlagen eines Lochs im Weiher. Mit groben Stoßsägen schnitt man von dort das Eis ein und trennte mit großen Äxten die Schollen ab. Die Männer zogen dann die Eisschollen mit langen Stangen und großen spitzen Eiszangen ans Land zum Aufladeplatz. Hier trocknete das Eis erst einmal ab, bevor es auf einen Brückenwagen geladen und zum Eiskeller transportiert wurde. Dort wartete der Kellermeister über einem Schacht mit grobem, kräftigem Gitter mit einem großen, mit Eisenreifen gebundenen Holzschlegel auf die Eisschollen. Vom Wagen herab hat man dann die Schollen auf den Schacht geworfen und mit dem Schlegel durch das Gitter getrieben. Das so zerkleinerte Eis konnte man nun mit Schaufeln anhäufeln.

Dicke Handschuhe und große Schürzen hielten die Männer trocken und warm, wenn nicht gerade einer in den seichten Weiher rutschte. Die kreisende Schnapsflasche ließ die Kälte auch nicht so schnell spürbar werden.

Im Sommer freute man sich über länger frisch gehaltenes Fleisch und schmackhaftes, süffiges Bier.

Carl von Linde hat im Jahr 1876 mit der Erfindung der ersten Kältemaschine diese Arbeit überflüssig gemacht; spätestens nach etwa der Mitte des 20. Jahrhunderts wurde nicht mehr „ei'geist".

Heiliger Nikolaus – 6. Dezember

Die Nikolausverehrung reicht bis ins 12. Jahrhundert zurück. Den wohltätigen Bischof von Myra in Kleinasien kennt wohl jedes Kind in Bayern. Heute ist er nur noch der milde Gabenbringer, der die Kinder lobt, höchstens einmal ermahnt.

Der heilige Nikolaus, der in unserer Mundart „Kloas" heißt, kam bis zum Ersten Weltkrieg auch als der wilde Mann zu den Kindern, der die bösen Buben in seinen Sack steckte. Zwischen den beiden Weltkriegen kamen der Knecht Rupprecht und im Paartal speziell die „Klasin" dazu; die Klasin übernahm am Vorabend den wilden Teil des „Kloas" und bedachte auf der Straße alle Kinder und Jugendlichen, die nicht schnell genug wegkamen, mit Rutenstreichen. Auch pumperte sie mit einer schweren Kette an Fenster, Fensterläden und Türen.

Der Knecht Ruprecht, anderswo auch Pelzmärtel genannt, trägt dem frommen Bischof Nikolaus zwar den Sack mit den guten Gaben nach, aber er hat auch die Rute dabei. Eltern benutzten ihn schon Wochen vorher als willkommenes Erziehungsmittel. Heute lässt sich Knecht Ruprecht kaum noch sehen. Das liegt wohl weniger daran, dass die Kinder nun braver, frommer und fleißiger geworden wären, als daran, dass man sie nicht mehr ängstigen will.

Um 1800 wurde der Nikolaus als alleiniger weihnachtlicher Gabenbringer zugunsten des Christkinds weitgehend verdrängt. Die evangelisch getaufte Kurfürstin und spätere bayerische Königin Karoline brachte ihre heimatlich-protestantischen Bräuche mit in die Münchner Residenz und machte sie in ihrem Bayern bekannt.

Auf dem Lande war der Nikolaustag ein Feiertag und die Bauern gingen gerne zum Wirt und hockten zusammen.

Der Weihnachtsmann

Heute will man weder vom Himmel noch von der Hölle zu Weihnachten besonders viel hören, vielerorts zählt die klingelnde Kasse mehr. Und am leichtesten lässt sich die Käuferschaft mobilisieren, wenn das Weihnachtsfest „entchristlicht", also von den ganzen Zeit, Mühe und Aufmerksamkeit erfordernen religiösen Ansprüchen befreit wird. So wurde der heilige Nikolaus mit seiner tiefgreifenden Botschaft von Mildtätigkeit, aber auch moralischer Achtsamkeit einfach in den „Weihnachtsmann" umfunktioniert.

Schon 1890 wird in einer Münchner Zeitung ein neutraler Gabenbringer beschrieben, so wie ihn der Maler Moritz von Schwindt in einem Münchner Bilderbogen gezeichnet hat: ein bärtiger Alter mit einer braunen Kutte und Kapuze.

Als Ahnherr des heutigen Weihnachtsmanns gilt der Ende des 19. Jahrhunderts in die USA ausgewanderte Pfälzer Thomas Nast, der aus dem pfälzischen „Pelznickel" den „Santa Claus" entwickelt hat. Mit und ohne Rentierschlitten beherrscht der bis heute die amerikanische Werbung mit großem Erfolg. Seine Festlegung auf ein rotes, mit weißem Pelz verbrämtes Gewand verdankt der Weihnachtsmann der Firma Coca-Cola, die diese Figur 1923 patentieren ließ. In der Werbung beherrscht dieser Weihnachtsmann seit dem Ende des Zweiten Weltkriegs auch Europa. In Österreich findet man heute noch echte Schoko-Nikoläuse mit Bischofsstab und Mitra, im übrigen Europa gibt es fast nur noch Schoko-Weihnachtsmänner; wobei hier langsam auch eine Rückbesinnung einzusetzen scheint.

In der DDR hat man nach dem Zweiten Weltkrieg den Weihnachtsmann durch den russischen „Väterchen Frost" ersetzt.

Maria unbefleckte Empfängnis – 8. Dezember

In Maria von Nazareth nimmt die Erwartung und Hoffnung des Volkes besondere Gestalt an. Ein fester Bestandteil adventlicher Marienverehrung ist das Fest der ohne Erbsünde empfangenen Jungfrau und Gottesmutter Maria.

Heilige Lucia – 13. Dezember

Am 13. Dezember ist der Namenstag der heiligen Lucia. Sie starb um 305 n. Chr. in Sizilien den Märtyrertod. Vor der Einführung des Gregorianischen Kalenders fiel der Namenstag auf den kürzesten Tag und die längste Nacht. Weil von da an die Tage wieder länger wurden, feierte man an Lucia das Lichtfest.

Besonders in nordischen Ländern steht die Lichterbraut Lucia im Mittelpunkt des Lucienbrauchtums: ein weiß gewandetes, blondes Mädchen, geschmückt mit einer Krone aus brennenden Kerzen. Mädchen bereiten dort mit der Kerzenkrone auf dem Kopf das Frühstück für ihre Eltern zu.

In Fürstenfeldbruck lassen Kinder am Abend des 13. Dezember selbstgebastelte Luzienhäuschen, von innen von einem Kerzchen beleuchtet, auf der Amper schwimmen.

In der Nacht vor Lucia wird deutlich, dass dieser Lichterbrauch vom Christentum nur übernommen und fromm umfunktioniert wurde, aber schon lange vorher im heidnischen Kult lebendig und sogar gefürchtet war. In dieser Nacht sollen die „Druden", wie man die Nachtgeister bei uns nannte, viel Macht über die Menschen erlangen. Sie setzen sich auf die Brust von Schlafenden und verursachen das „Drudendrücken", heute sagt man schlicht Albtraum dazu.

Gebet vor der Lucianacht:

> *Vorm Druddrucka, vor Hexnhaxn,*
> *Deifisbraodn und Zauberfaxn,*
> *beschütz mi Du, heilige Lucia,*
> *bis i aufsteh, moing in da Friah.*

Nach Lucia beginnen die Quatembertage, d.h. die Fest- und Zahltage.

> *Ascher, Kar, Kreuz und Lucei,*
> *Mittwoch drauf Quatember sei.*

Als im 18. Jahrhundert der Freisinger Rentmeister Wagenbauer an so einem Quatembertag mit Geldern von der Hofmark Sattelberg zurückfuhr, wurde am Salzberg bei Singenbach auf ihn ein Schuss abgegeben, der ihn nur knapp verfehlte, aber seine Pferde erschraken und gingen durch. Wenn er mit dem Leben davon käme, so gelobte er, der Muttergottes auf dem Beinberg ein schönes Kleid zu stiften. Auch weil es auf der Strecke bergauf ging, konnte er seine Pferde noch zügeln und er hielt sein Versprechen.

Der ungläubige Thomas – 21. Dezember

Beginn der Rauhnächte

Thomas war solange der Ungläubige, bis er den aus dem Grab auferstandenen Heiland mit eigenen Augen gesehen und sogar berührt hatte. Der Apostel und Fischer starb in Indien den Martertod.
Vielerorts war früher der „bluadige Dammerl" mit lautem Getöse und blutrührend unterwegs. Er schlüpfte auch durchs Schlüsselloch in die Schlafkammern böser Kinder.

Rauhnächte

Obwohl die Menschen unserer Zeit für die Rauhnächte kaum noch Verständnis haben, geistert der Begriff in den dunklen Tagen zwischen den Jahren noch durch manche Köpfe und viele Medien.

Die Rauhnächte werden auch „Zwölften" oder „Rauchnächte" genannt, obwohl mit jeder Bezeichnung immer etwas anderes gemeint ist: Die allgemeinen Rauhnächte begannen meist in der Thomasnacht, andernorts auch schon in der Luciennacht, bei der „beasn Luz", also in den jeweils längsten Nächten vor bzw. seit der Einführung des Gregorianischen Kalenders, und dauerten bis Dreikönig. Die „Zwölften" wurden sie nach einer anderen Rechnung genannt, nach der die Nächte zwischen Weihnachten und Dreikönig als Rauhnächte galten.

Nur auf höchstens vier Nächte trifft die Bezeichnung „Rauchnächte" zu: Neben der Thomas-, Weihnachts- und der Silvesternacht zählte für ein paar Leute noch die Dreikönigsnacht als eine der gefährlichsten und letzten Rau- oder eben Rauchnächte. Am Vorabend des Dreikönigstags, der schlimmsten der vier Rauchnächte, werden alle Räume in Haus und Hof „ausgeräuchert". Der Hausvater geht voraus mit etwas Glut in einer Pfanne und ein paar

Körnchen Weihrauch, Wacholderbeeren und verschiedenen Kräutern, einem Schlehenzweig und den Resten des Würzbüschels vom Himmelfahrtstag. Ihm folgt die Hausmutter mit einer brennenden geweihten Kerze und einem „Weichbrunnen" vom Dreikönigswasser, wovon in allen Räumen reichlich versprengt wird, um Unglück und böse Einflüsse von Haus und Hof fernzuhalten. Dabei beten sie zwölf Vaterunser und das Glaubensbekenntnis.

In allen Fällen flößten die oft kalten und stürmischen Tage und langen, dunklen Nächte rund um Weihnachten den Menschen immer schon Angst ein. An besonders rauhen Tagen, an denen die Winterstürme ums Haus fegten, glaubte man, dass die „Wilde Jagd" mit der „Hoabagoaß", bösen Geistern und Dämonen unterwegs sei. Um den bösen Wesen, die in dieser Zeit am aggressivsten sein sollten, zu entgehen, musste vieles beachtet werden z.B. durfte keine weiße Wäsche zum Trocknen aufgehängt werden, auch das Spannen einer Wäscheleine konnte schon fatal sein, weil man fürchtete, die Wilde Jagd könnte sich darin verfangen. „Zwischen den Jahren" sollte alle Arbeit ruhen, also nur das Allernötigste getan werden.

Die Rauhnächte waren auch „Losnächte", in denen man das Wetter und die Zukunft im kommenden Jahr vorhersehen können sollte.

Leben in Bayern: Aberglaube

Auch wenn viele Leute meinen, dass der meiste Aberglaube heute verschwunden ist, hat sich einiges vor allem für die Zeitspanne von Mitte Dezember bis Anfang Januar erhalten. Wer wünscht nicht zum Reisebeginn „Toi toi toi", „Hals- und Beinbruch" oder etwas Ähnliches? Wer hängt nicht ein Maskottchen in sein Auto oder eine Christophorus-Plakette? Wer fürchtet nicht, dass an einem Freitag den 13. oder gar wenn ein Spiegel zerbricht ein Unglück geschieht? Wer hat noch nie gesagt „Unberufen, aber uns geht es gut" und wurde ebenso schnell zurechtgewiesen: „Verschrei's aber ned!" – ähnlich verhält es sich, wenn wir auf Holz klopfen. Viele lesen täglich die Horoskope, manche laufen vor größeren Entscheidungen zur Wahrsagerin und tragen einen Talismann oder ein Amulett. Zu Neujahr verschenken wir ein Marzipanschwein oder ein vierblättriges Kleeblatt und versenden Glückwunschkarten.

So, wie wir das alles heute nicht direkt als Aberglauben empfinden, erging es wohl auch unseren Vorfahren mit manchen ihrer Befürchtungen und Sitten. Sicherlich war früher aber auch der Glaube an die Kraft des eigenen Wollens und Tuns ebenso wie an die Vorsehung und den Segen Gottes einfach größer als heute.

Weihnachten – Heiliger Abend 24. Dezember

Der Heilige Abend am 24. Dezember ist der Abschluss der Adventszeit. Früher hat man auch an diesem Tag noch gefastet, obwohl die „Mettensau" oder der „Weihnachter" schon geschlachtet worden waren.

Der ganze Tag diente noch den Vorbereitungen auf das Fest: Ein Knecht bastelte vielleicht an einem Spielzeug für die Kinder, der Bauer holte einen Fichtenzweig oder einen Christbaum aus dem Wald; die Gendarmerie passte besonders auf, dass man ihn nicht in einem fremden Waldstück schlug. Dann wurde er in der Stube aufgestellt und meist von einem der größeren Kinder geschmückt mit roten Bändern, Äpfeln, vergoldeten Nüssen, Strohsternen und gebackenen Platzerln. Der Hausvater steckte dann die Kerzen auf.

Weil die Kinder auch die Christmette zur Mitternacht besuchten, durften sie vorher meist noch auf die Gasse zum Spielen und Toben. Kinder und Frauen, Großeltern und Gesinde gingen dann alle gemeinsam zur feierlichen Mette, der Hausvater richtete derweil die Mettenwürste und die Geschenke her.

Seit Langem finden jetzt bei uns die Gestaltung des Heiligen Abends mit Weihnachtsevangelium und die Bescherung meist schon am frühen Abend, gleich nach dem Abendessen, statt, denn viele Leute besuchen weitaus lieber am späten Nachmittag eine Christ- oder Kindermette.

Früher fand die Bescherung der Familie erst nach der Heimkehr von der Mette gegen 1 Uhr nachts statt. Oft gab es ja nur ein Schüsserl oder ein grünes Nest, „ein Legerl", in das man ein paar praktische Geschenke für die Kinder gepackt hatte. Dann dampften auch die Mettenwürste vom „Weihnachter", der „Mettensau", im Topf und schmeckten nach der Fastenzeit besonders gut. Man knabberte noch ein wenig Gebäck und ging dann zum Umfallen müde ins Bett. Am nächsten Tag warteten schon wieder die Tiere und der Festgottesdienst.

Stille Nacht, heilige Nacht

Wohl keine andere Jahreszeit bot und bietet so viele Gelegenheiten für spontanes Singen wie die Weihnachtszeit. Das berühmteste deutsche Weihnachtslied bis heute ist „Stille Nacht, heilige Nacht" und die Geschichte seiner Entstehung ist fast so rührend wie die Weihnachtsgeschichte selbst:

Um Weihnachten 1818 war ein fürchterlicher Schneesturm über das bayerisch-salzburger Grenzland gebraust. Seit dem 20. Dezember hatte es ununterbrochen geschneit. Der Hilfspfarrer Josef Mohr sollte den beschwerlichen Weg zum Weihnachtsgottesdienst in Oberndorf an der Salzach übernehmen. Die dortige Kirchenorgel hatte vor einigen Tagen ihren Geist aufgegeben und er und sein Freund, der Organist und Lehrer Franz Xaver Gruber, machten sich Sorgen um die feierliche Christmette. Da verfasste der Pfarrer den Text für ein sechsstrophiges Lied, das auch auf der Gitarre gespielt werden konnte, und gab ihn am Heiligen Abend in der Früh seinem Freund Gruber. Bis zum Abend hatte der ihn vertont, für Chor mit Gitarrenbegleitung. Noch in der gleichen Nacht haben sie bei der Christmette in der Nikolauskirche in Oberndorf nahe dem Fluss Salzach, der damaligen Grenze zwischen Oberbayern und Österreich, das neue Lied uraufgeführt. Bei uns allen ist es heute immer noch ein großer Moment, wenn in der Christmette das Lied „Stille Nacht, heilige Nacht" angestimmt und gesungen wird.

Von den vielen Advents-, Hirten- und Weihnachtsliedern aus dem großen Schatz des altbayerischen Volksguts darf aber das schönste und innigste Lied hier keinesfalls fehlen: „Es werd schon glei dumpa, es werd scho glei Naocht" kennt und singt hier jeder gerne.

Fatschenkindl und Krippe

„Lasst uns nach Betlehem gehen und schauen, was geschehen ist und was der Herr uns verkünden ließ." Luk 2,15 – 20.

Das Aufstellen der Krippen ist einer der verbreitesten Bräuche im katholischen Bayern. Die Bibel berichtet von einer Krippe, einem Futtertrog, in den das Jesuskind gelegt wurde. Aus Frömmigkeit nahm man das Bild auf und begann, das Geschehene sinnhaft dar-zustellen. Durch den heiligen Franziskus bekam die Verehrung des Jesuskinds und der Heiligen Familie neue, starke Impulse.

Aus dem bayerischen Raum sind uns zwei uralte Weihnachts-spiele bekannt, die das Bild vom neugeborenen Jesus in der Krippe szenisch darstellten: einmal das „Freisinger Spiel" aus dem 11. bis 12. Jahrhundert und das sogenannte „Ludus szenikus de nativitate Domini" aus Benediktbeuren aus dem 13. Jahrhundert. Die ältesten Darstellungen des Jesuskinds zeigten es noch ganz nackt.

1601 entstand, angeblich angestoßen durch die Jesuiten, die erste bayerische Kirchenkrippe in Altötting, kurz darauf folgten Krippen-darstellungen in München. Vielleicht gab es in einigen Klöstern auch schon Jahreskrippen.

Auch in Schrobenhausen kannte man spätestens 1665 eine Kir-chenkrippe als fromme Stiftung der Bäckerzunft. Tragisch ist die Geschichte der Gritschen-Krippe in der Vorstadtkirche St. Salvator: Offenbar übertraf sie die Krippe in der großen Pfarrkirche St. Jakob weit an Schönheit und entsprechend viele Krippenpfennige wan-derten in den Opferstock der Vorstadtkirche statt in den der Pfarr-kirche. Anno 1749 wurde der Stadtpfarrer Georg Sebald Kagerer dar-über so wütend, dass er den Generalvikar aus Augsburg veranlasste, eine Aufstellung der Krippe ohne Einwilligung des Stadtpfarramtes zu verbieten. Das war das Ende – seither hat man die Gritschen-Krippe nicht mehr gesehen.

1802 stellte die Obrigkeit in Bayern kurzerhand fest, dass der Krippenbrauch mit dem Fortschritt unvereinbar sei. Der Krippenbegeisterung des Volkes tat dies keinen Abbruch und führte nur dazu, dass die Krippen fortan vermehrt in den Wohnstuben aufgestellt und oft von Generation zu Generation weitergegeben wurden. Der Christbaum hat zwar im vergangenen Jahrhundert die Weihnachtskrippe etwas verdrängt, doch es stellen wieder erfreulich viele Leute in ihren Wohnungen ein echtes „Kripperl" auf.

In Oberbayern ist das Fatschenkindl wohl älter als die Krippe. Früher war es oft üblich, Babys in „Fatschen" (aus dem Italienischen übernommener Begriff für Binden) zu wickeln.

Die seit 1294 in München wirkenden Augustiner-Eremiten hatten wohl das erste bekannte Fatschenkindl als Darstellung des neugeborenen Jesus in Bayern. Mindestens seit 1600 stellten sie zur Weihnachtszeit das lebensgroße „Bambino" in ihrer Klosterkirche aus. Das Prager Jesulein, ein stehendes Jesuskind, ist die Kopie einer in einem Kloster zwischen Cordoba und Sevilla in Spanien entstandenen Wachsfigur. Im 16. Jahrhundert kam die Kopie nach Böhmen. Solche sogenannten „Trösterlein" dienten vor allem auch in Frauenklöstern zum weitverbreiteten „Kindleinwiegen". Ein anderer Weg führte das Jesuskind aus Loretto über das Kloster Reutberg in Oberbayern nach Kößlarn in Niederbayern. Das Fatschenkindl von Pobenhausen zog sogar Scharen von Wallfahrern aus Nah und Fern an.

In vielen bayerischen Kirchen steht oder liegt zur Weihnachtszeit auch heute noch ein Jesuskind im Glaskasten.

Christbaum – Weihnachtsbaum

Neben der Krippe gehört heute vor allem der Christbaum zum bayerischen Weihnachtsfest. Aber wie so vieles an Weihnachten ist der Christbaum, gemessen an der 2000-jährigen Geschichte seit Christi Geburt, noch ein junger Brauch. 1521 ist aus der Stadt Selestat (Elsass) vor Weihnachten der Handel mit Fichten dokumentiert. Eine weitere schriftliche Überlieferung über Weihnachtsbäume im Elsass stammt von Liselotte von der Pfalz aus dem Jahr 1605:

Auff Weihnachten richtet man Dannenbäume zu Straßburg in den Stuben auf, daran henket man Rosen, aus vielfarbigen Papier geschnitten, Äpfel, Oblaten, Cischgold, Zucker ...

Weniger bekannt ist: 1419 sollen Freiburger Bäcker bereits eine geschmückte Tanne mit Lebkuchen und Nüssen aufgestellt haben.

Der oberbayerische Bezirksheimatpfleger Rattelmüller schreibt:

Nun ist vor einigen Jahren eine recht interessante Entdeckung gemacht worden: Da lebte um 1590 im niederbayerischen Marktflecken Schwarzach ein Pfarrer, ein grober, jähzorniger Streiter Gottes, über den es Beschwerden über Beschwerden gegeben hat. Eine lange Liste, und unter Punkt 6 dieses Sündenregisters heißt es: ... selben Jahrs an Hayligen Weyhen Nachttage, zu der Vesper, vorm Hochwürdigen Sacrament mit einem Tannen Peimel, daran Öpfl gesteckht gewest, under die Khinder geschlagen, auch Tausend Sacra öffentlich gefluecht ... Damit ist erwiesen, dass eine Art Christbaum, auch im Bayerischen Wald, vor vierhundert Jahren bekannt war.

Die Einführung des Christbaums stieß in Bayern und auch in der Pfalz auf erhebliche Widerstände. Noch im Dezember 1804 hatte die kurpfalzbayerische Landesdirektion bei Geld- und Leibstrafe verboten, den Kindern zum Weihnachtsfest Christbäume aufzustellen, um diesen der Forstkultur nachteiligen „Missbrauch" abzustellen.

Aus dem Jahr 1809 wird dann von einem Christbaum in der Münchner Residenz berichtet. Anno 1820 hat A. Zarnak „O Tannenbaum, o Tannenbaum" zum religiösen Lied umgedichtet.

Die erste Beschreibung aus dem Schrobenhausener Land kommt erst von 1908. Georg August Reischl schrieb in der Chronik von Waidhofen wie es der Brauch war:

Man kannte nicht einmal einen Christbaum! Die Kinderbescherung erschöpfte sich meist in einer Schachtel Griffel oder einer Mütze. Seit aber das Christkind in die Schule kam, hat sich die Sache schon etwas gebessert. Man sieht schon in vielen Häusern die strahlenden Lichter des Weihnachtsbaumes.

Die Landleute waren halt einfach zu arm, um mehr zu schenken und zu dekorieren.

Viele Bayern lernten im Ersten Weltkrieg im Schützengraben und bei elsässisch-lothringischen Familien erstmals einen Christbaum kennen. Es dauerte aber bis in die 1930er Jahre, bis auch ärmere Familien auf dem Lande sich einen Christbaum leisteten.

Was gab es denn davor in bayerischen Landen? Schon in heidnischer Zeit hängte man grüne Zweige auf – meist über Eingängen und Toren –, die die Kräfte der Natur auf den Menschen übertragen sollten. In manchen Bürgerstuben stellte man für jedes Haushaltsmitglied einen Buchsbaum auf, die Zweige mit bunten Bändern geschmückt. In engen Wohnstuben hängte man eine Fichte noch an die Decke über dem Tisch auf, mit der Spitze nach unten. Das Paradeisl war der Haus- und Weihnachtsschmuck in altbayerischen Bürger- und Bauernstuben. Bevor man das Paradeisl bei uns kannte, haben unsere Vorfahren oft Fichtenwipfel auf die Gattersäule des Hauses gesteckt.

Die einfachste Weihnachtsdekoration in den ärmeren bayerischen Häusern, vor allem im Bayerischen Wald und im Gebirge, war früher das „Legerl", ein mit Moos ausgepolsterter und mit einem Kranz von Tannenzweigen umgebener Teller, der mit Äpfeln, Nüssen und Honiglebkuchen gefüllt war; auf den Kranz wurden Kerzen gesteckt.

In den Bürgerhäusern einiger Gegenden Norddeutschlands wurden, bevor man den Weihnachtsbaum kannte, ein sogenannter Schwibbogen oder eine Kerzen-Pyramide mit einer ungeraden Anzahl von Kerzen aufgestellt, wie man sie im Erzgebirge auch heute noch in großer Zahl herstellt und nun auch bei uns kennt.

Seit der zweiten Hälfte des 20. Jahrhunderts gilt der Weihnachtsbaum in aller Welt sogar als typisch deutscher Brauch.

Bis Anfang der 1960er Jahre füllten viele Vereine ihre Kassen durch Weihnachtsfeiern mit Christbaumversteigerungen, wobei die Zweige einzeln versteigert wurden und der Stamm letztendlich nackt dastand. Weil viele Leute dies als geschmacklos empfanden, stellte man es mit der Zeit wieder ein.

Aus dem tannenlosen England kam die Sitte, an Weihnachten mit Mistelzweigen und Stechpalmen zu dekorieren.

St. Stephanus und St. Johannes (Winterhans) – 26. Dezember

Der heilige Stephanus gilt als der erste Märtyrer der Kirche und hat möglicherweise deshalb seinen Gedenktag gleich nach dem Weihnachtstag. Stephanus ist auch der älteste Pferdepatron Altbayerns. An diesem Tag war der Aderlass der Rösser üblich. Man erhoffte sich davon Gesundheit für die Pferde.

Aus der Lindacher Pfarrchronik wissen wir, dass mindestens seit 1755 in Eulenried immer wieder Stephani-Pferderennen oder Pferdeweihen stattfanden. Seit dem Zweiten Weltkrieg scheint dies in Vergessenheit geraten zu sein.

Am zweiten Weihnachtsfeiertag lässt die Feststimmung etwas nach und man hat es wieder gern etwas gemütlicher. Man besucht sich, tauscht Geschenke aus, geht Christbaum und Kripperl anschauen. Heute wird in der Abendmesse des Stephanstags oft schon der Johanniswein geweiht und die Priester erteilen den Johannissegen. Er gilt als besonders starker und heilsamer Segen.

Der Heiligenlegende nach wurde der Evangelist und Apostel Johannes gezwungen zuzusehen, wie zwei Verbrecher mit vergiftetem Wein getötet wurden. Danach musste auch er von dem Becher trinken, aber durch das Segnen des Weines mit dem Kreuzzeichen entwich das Gift in Gestalt einer Schlange und Johannes erlitt keinen Schaden durch das Getränk. Den heutigen Johanneswein, den gesegneten Trunk, nennt man „Johannesminne" oder „Gsengs Gott". Während des Jahres nahm man bei Krankheit einen Schluck für eine baldige Genesung. Außerdem kredenzte man Brautleuten bei der Hochzeit einen Schluck „Johannesminne" für Glück und Gesundheit.

Manche Familie brachte auch ihren eigenen Wein zur Weihe in die Kirche. Aus der Pfarrei Lindach (Gemeinde Hohenwart) wird berichtet, dass die Hofmarkherren, der Baron Perfall von Schenkenau, Graf Törring von Pörnbach oder der Pfarrer selber den Wein spendierten. So erzielte Pfarrer Otto Waibel damit ungeahnten seelsorgerischen Erfolg, denn die Kirche war an diesem Tag besonders gut besucht und „der Brauch gefiel den Leuten sehr", wie es geschrieben steht; erwähnt wird aber auch, dass der Opferteller an diesem Tag besonders voll war. Mit dem Spruch „Trinke die Liebe des heiligen Johannes" bekam jeder Besucher einen Schluck.

In der Pfarrei Bad Füssing hat man den Brauch vor Jahren wiederbelebt.

Fest der Unschuldigen Kinder – 28. Dezember

In manchen Pfarrgemeinden werden am 28. Dezember, dem „Fest der Unschuldigen Kinder", oder am Sonntag nach Weihnachten die Kinder gesegnet.

Vom „Kindlastag" wird auch in den Aufzeichnungen der Mädchenschule Schrobenhausen über das Brauchtum berichtet: Einst gingen die Buben von Haus zu Haus und schlugen allen Mädchen, die ihnen begegneten, mit Haselnussruten oder Wachholderzweigen auf Waden und Beine. Dabei sprachen sie:

Der Pfeffer is rass,
der Zucka is süaß

und wenschd ma nix gibschd,
na kim i dia üba d Füaß.

Der Brauch des „Pfefferns", „Aufkindlns" oder „Fezelns" wurde ehedem eher von Eheleuten und schon früh am Morgen von demjenigen, der als erster aufstand, ausgeübt und galt als Glücks- und Gesundheitsritual. Schlaue Ehemänner blieben am Vortag bis Mitternacht beim Wirt, sodass sie am nächsten Tag als erste mit der Rute in der Hand nach Hause kamen. Wer gepfeffert wurde, hatte sich mit einem Schnaps oder einen „Pfefferkuchen" (Lebkuchen) zu bedanken.

Silvester – 31. Dezember

Der heilige Silvester (Papst von 314–355 n. Chr.) hat eigentlich gar nichts zu tun mit dem letzten Tag des Jahres und den Bräuchen, die sich um ihn ranken. Böse Zungen behaupten, der Klerus habe seinen Namenstag deshalb auf den letzten Tag des Jahres gesetzt, weil es Silvester war, der den Zölibat einst vorangetrieben hat.

Die Silvesternacht war seit Langem eine der großen Rauhnächte, die mit zahlreichen Bräuchen belegt war. Man kam in dieser Nacht vorwiegend in der Nachbarschaft zusammen. Beim abendlichen „Hoagartn" haben die Alten Grusel- und Geistergeschichten erzählt. In einer anderen Ecke saßen die Jungen, sangen und musizierten mit der „Ziach" oder dem „Fotzhobel", protzten mit Kraftstückerl und „Irxenschmalz" vor den Deandln.

Nach dem Silvesterfasten während des ganzen Tags, hat man in der Familie besonders üppig gegessen, weil man glaubte, dass davon die Sättigung im kommenden Jahr abhängen würde. In den Bürgerhäusern stand oft ein Karpfen mit Reis auf dem Speiseplan, weil dies künftigen Wohlstand erhoffen lassen sollte. Mehr noch: Eine Karpfenschuppe im Geldbeutel soll das ganze Jahr das Geld nicht ausgehen lassen. Schulden sollten unbdingt noch im alten

Jahr beglichen werden, sie über Silvester mitzunehmen brachte Unglück.

Am letzten Tag des Jahres hat man sich gerne, wie der Pfarrer in der Jahresschlussandacht, mit dem Ergebnis des alten Jahres und seinen Ursachen beschäftigt und versucht, daraus Lehren zu ziehen. Man versuchte aber auch genauso eifrig, einen Blick in die Zukunft zu ergattern, und hat dafür auch so manches Orakel bemüht. Während man es in der Stadt meist mit Bleigießen oder geweihtem Wachs versuchte, warfen die Deandl auf dem Land in einfacher Weise ihren rechten Pantoffel über die linke Schulter. Blieb der Pantoffel mit der Spitze zur Kammertür liegen, bedeutete dies, dass bald ein fescher Hochzeiter anklopfen sollte. Wenn es aber einem Deandl besonders pressierte, dann warf sie den Pantoffel einfach so lange, bis er in der gewünschten Lage liegen blieb. Manche Mädchen sagten dabei auch ein Sprüchlein auf:

Schaut die Pantoffelspitz zur Tür,
nah geh i bald furt von hier,
liegt aba ganz vorn der Absatz,
na geht vorbei mei Schatz.

Andere Mädchen schlichen sich in den Obstgarten, warfen einen Prügel in einen Baum und sagten folgenden Spruch:

Liaba Prügel, i wirf di iatz in den Baam,
Hund bell und sag mir, wo is mei Schatz dahoam.

In der Richtung, wo der erste Hund bellte, sollte der zukünftige Bräutigam leben.

Schlag Mitternacht krachten in den Dörfern die Böller in den Himmel. Geballert wurde mit allem, was man hatte: Böllerkanonen, Jagdgewehre, Schrotflinten, Handböller, Schweizer Kracher und Knallfrösche. Man wollte damit böse Geister davon abhalten, mit ins neue Jahr zu wechseln.

Nicht ohne Hintersinn reimen die Bauern zum Jahresschluss:

Friert zu Silvester Berg und Tal –
gschichts in dem Jahr zum letzten Mal.

Nachwort oder „Bhiat Gott"

Die Landschaft prägt die Menschen. Es ist ein Unterschied, ob man im katholischen Altbayern mit seinen Hügeln, Bergen, Flüssen, Seen, Wiesen und Wäldern aufwächst oder im Ruhrgebiet bzw. an der Küste. Die Leute in Altbayern reden, denken, singen und beten auch anders als etwa in Friesland oder sonstwo.

Im bäuerlichen Hügelland mit seinen Dörfern, Kirchen, Klöstern und kleinen Landstädtchen wachsen andere Menschen heran als in Großstädten, die sich weltweit immer mehr gleichen – auch wenn ein bekannter Münchner Spaziergänger nicht ohne Stolz den Satz geprägt hat: „Vielleicht ist München nicht gerade die schönste Stadt Deutschlands, aber ganz sicher die schönste Stadt der Welt."

Unsere christliche Tradition ist eine uralte. Bayern darf sich nicht umsonst rühmen, dass schon vor dem Jahr 814 – entweder in einem seiner Klöster auf der Staffelseeinsel, in Augsburg oder bei St. Emmeran in Regensburg – das „Wessobrunner Gebet", dieser großartige Schöpfungshymnus, entstanden ist (in neuhochdeutscher Übersetzung):

Das erfragte ich unter den Sterblichen als der Wunder größtes,
dass die Erde nicht war, noch oben der Himmel,
noch ein Baum, noch ein Berg nicht war,
noch [...] irgendetwas, noch die Sonne schien,
noch der Mond leuchtete, noch das herrliche Meer war.

Als da nichts war an Enden und Wenden,
da war der eine allmächtige Gott, der mildeste aller Männer,
und da waren mit ihm viele herrliche Geister.
Und der heilige Gott [...]

Allmächtiger Gott, der du Himmel und Erde geschaffen und der du
den Menschen so viel Gutes gegeben hast, verleihe mir in deiner Gnade den

rechten Glauben und guten Willen, Weisheit und Klugheit und
Kraft, dem Teufel zu widerstehen, das Böse zu meiden und deinen
Willen zu vollbringen.

Altbayern war immer auch ein Transitland. Für uns ist es heute
kaum vorstellbar, wie viele und und welche Leute zu Fuß, auf dem
Pferderücken, in Kutschen und Frachtwägen quer durch unsere
Wälder und Felder unterwegs waren. Die Straßen waren voll von
immer neuen Heerzügen und Landsknechtshaufen, aber auch von
kirchlichen und weltlichen Fürsten samt Hofstaat, von Wanderpre-
digern, Pilgern, Ochsentreibern mit kleinen Herden, Salzsäumern,
Händlern, Kreenweiberln, Kirmzäunern, Kesselflickern, Lumpen-
sammlern, Scherenschleifern, Spielleuten, Komödianten, Gauklern,
Dirnen, Bettlern, Zigeunern und fahrendem Volk.

Trotzdem – oder vielleicht gerade deswegen – ist im Lauf der
Jahrhunderte eine besondere „Bayerische Volkskultur" gewachsen,
aus der sich noch heute unser „Bavarian Way of Life", ein „Bayerisches Lebensgefühl" speist.

Ich möchte schließen mit den Worten des österreichischen
Komponisten und Dirigenten Gustav Mahler (1860–1911):

Tradition ist Bewahrung der Glut,
nicht Anbetung der Asche.

Vadda unsa,
dankschee dafür, dass i leb, dass i bin,
dass i dao sei derf in der Woid dao herin!
Wia schee, dass i lebm konn, schnaufa und fuihn,
mi gfrein und lacha, arbatn und spuin,
liabn und gern haom, gern ghabt wern,
geh huif ma, dass i weiterhin lern
ja zum saogn zu mir, zu de andern, zum Lebm,
zu oi dem Scheena, des waost ma haost gebm!

Bayerisches Schulgebet, mit dem Frau Resi Lebmeier viele Jahre ihren Grundschul-Unterricht begonnen hat.

Recherche und Dank

Seit Jahrzehnten habe ich zahllose Bücher studiert, viele Ausschnitte aus verschiedensten Zeitschriften und Zeitungen aus der Region gesammelt und in die Recherche einfließen lassen. Eigentlich aber durfte ich in meiner Kindheit als Handwerkersohn vieles noch selbst miterleben und auch bei vielen Bräuchen und Festen mitwirken. Auf dieses eigene Erleben gründet dieses Buch.

Der Heimatforscher und Berufsschuldirektor Georg August Reischel hat sehr umfangreich die regionalen Bräuchte geschildert, ich danke ihm für sein ganzes Material.

Besonders danke ich auch noch Herrn H.H. Stadtpfarrer Joseph Steyrer und H.H. Dekan Anton Keller für Ihre Beratung.

Literaturverzeichnis

Aiblinger, S.: Vom echten Bayerischen Leben, München 1990.

Auer, L.: Heiligenlegende, Donauwörth 1955.

Augsburger Monatsbilder: Feste und Bräuche aus Mittelalter und Renisance, Gütersloh / München 2007.

Bayerisches Nationalmuseum: Wallfahrt kennt keine Grenzen, 1984.

Becker-Huberti, M.: Das Brauchtum im Kirchenjahr, Leipzig.

Bedürftig, F.: Lexikon der Heiligen, Köln.

Bichler, A.: Wie's in Bayern der Brauch ist, Pfaffenhofen 1984.

Bieger, Eckhard S. J.: Das Kirchenjahr, Leipzig.

Bronner, F. J.: Von deutscher Sitt und Art, München 1908.

Dünnsinger, J.: Brauchtum.

Ebertshäuser, H. C.: Das bayerische Leben, Sitte und Gebräuche, München 1980.

Ders.: Das bayerische Jahr. Brauchtum in Bayern, München 1979.

Ders.: Zauberreiche Weihnacht, München 1977.

Gschwind, L.: Glauben feiern – Bitt für uns, Augsburg 2001.

Hager, F. / Heyn, H.: Drudnhax und Allelujawasser, Rosenheim 1975.

Huber, F.: Das gesegnete Jahr, Freiburg 1986.

Kapfhammer, G.: Brauchtum in den Alpenländern, München 1977.

Kumpfmüller, J. / Steinbacher, D.: Das bayerische Brauchtumsjahr, München 2005.

Lechner, O. / Kaufmann, H. G.: Bayerisch katholisch, Augsburg 1995.

Leoprechting, K. von.: Aus dem Lechrain, München 1855.

Lettl, J.: Durchs Jahr hindurch, Regensburg 1988.

Leutner, J. F.: Bavaria, Land und Leute im 19. Jahrhundert. Bd. 1, München 1987.

Maria Ward, Mädchenmittelschule Schrobenhausen (Hrsg.): Alte Bräuche in der Heimat, Schrobenhausen 1940.

Meinl, H. / Schweiggert, A.: Der Maibaum, Dachau 1991.

Müller-Brot (Hrsg.): Brot und Brauch in Bayern, Neufahrn.

Parzinger, P. Beda: D'Hopfakirm: Brauchtum der Heimat, Pfaffenhofen 1986.

Pattloch-Verlag (Hrsg.): Feste und Bräuche im Jahreslauf, Aschaffenburg 1985.

Peitsch, I.: G'lebt is glei, Stockach / Wahlwies 1985.

Pöllath, J.: Hausbuch der Feste und Anlässe, München 1993.

Rattelmüller, P. E.: Bairisches Brauchtum im Jahreslauf, München 1985.

Ders.: Auf Weihnachten zua, München 1976.

Ders.: Der Oane kommt der Ander geht, München 1988.

Rehm, A. u. H.: Lebendiges Brauchtum im Werdenfelser Land, Garmisch-Partenkirchen 1994.

Reithmaier, S.: Schäflertanz und Perchtenlauf, München 2005.

Scheingraber: Das Bauerjahr, Innsbruck 1977.

Schlicht, J.: Altbayernland und Altbayernvolk, Augsburg 1886.

    Ders.: Blauweiß in Schimpf und Ehr, Lust und Leid, Rosenheim 1973.

Schnitzler, T.: Kirchenjahr und Brauchtum neu entdekt, Freiburg 1976.

Stadtarchiv München: Physikatsberichte der Bezirksärzte an die Regierung von Oberbayern.

Stemplinger, E.: Immerwährender Bayerischer Kalender, Rosenheim.

    Ders.: Immerwährender Bayerischer Kalender II., Rosenheim.

Swoboda, O.: Alpenländisches Brauchtum im Jahreslauf, München 1979.

Torsy, J / Kracht, H. J.: Das große Buch der Namenstage, Erftstadt 2007.

Trachtengau Niederbayern (Hrsg.): Auf Spurensuch, Landshut/ Auloh.

Weitnauer, A.: Himmel voller Helfer – Welt voller Wunder, Kempten 1969.

Werner, E.: Bayerisches Leben – Bayerischer Brauch, Pfaffenhofen / München 1990.

Wisinger, H. / Groth / Schmachtenberger: Boarischer Brauch, Freilassing 1979.